West Nipissing Public Library

La cuisine médiévale

Les festins, Roman de Lancelot en prose, France, XVᵉ siècle. (Paris, BNF, Département des manuscrits, Français 112 fol. 45.)

De nombreuses communes organisent des fêtes médiévales et le point d'orgue en est le banquet. Pour recréer l'ambiance, des jongleurs, des bateleurs, des musiciens, des conteurs… participent à la manifestation. Les termes « festin » et « banquet » sont aujourd'hui synonymes : « banquet » vient de l'italien « *banchetto* » qui désigne les bancs disposés autour des tables pour un repas, « festin » dérive du latin médiéval « *festia* » signifiant « fête ».

Le festin occupe une place primordiale au Moyen Âge. Il est un de ces moments de réjouissances populaires où l'on oublie la disette, la famine, la sous-alimentation, les épidémies… Dans le milieu aristocratique, le festin a un rôle social : il révèle le pouvoir et la richesse de celui qui l'organise et marque l'appartenance à un groupe privilégié. Il témoigne de la splendeur dont les riches aiment s'entourer. Il est organisé dans des salles magnifiquement décorées. La vaisselle est raffinée, en argent, en étain, en bronze ou en terre cuite vernissée. Le plus célèbre repas médiéval est le « Banquet du faisan », donné en 1454 par Philippe III de Bourgogne, où les convives firent le vœu de reprendre la croisade après la chute de Constantinople en prêtant serment sur la tête empanachée d'un faisan rôti, couvert d'or et d'argent et paré de ses plumes multicolores. Le festin a également un rôle convivial : il est l'occasion de renforcer la cohésion des convives. Cette finalité se retrouve dans les milieux moins aisés où fêtes familiales et religieuses sont prétextes à des réunions. Les repas sont symboles de profusion de victuailles et de consommation immodérée de boissons.

Les témoignages sur les banquets médiévaux proviennent de différentes sources. Les manuscrits culinaires donnent des exemples de menus. Les ouvrages scientifiques s'intéressent aux végétaux et aux aliments en général, étudiant leurs relations avec le corps humain. Les enluminures des ouvrages religieux ainsi que les tapisseries sont une preuve de la magnificence de certains banquets. Les ustensiles culinaires, le mobilier, retrouvés lors des fouilles et conservés dans les musées, apportent des éléments qui permettent d'imaginer la vie dans les demeures.

L'objectif de cet ouvrage est de retracer l'atmosphère des banquets médiévaux, de proposer des menus réalisés à partir des manuscrits authentiques et adaptés au goût d'aujourd'hui. Le banquet est un plaisir de tous les sens ! Un plaisir des yeux par l'apparat de la table et la couleur des mets, un plaisir du palais et de l'odorat par les saveurs nuancées et les parfums inhabituels des épices, un plaisir de l'ouie par les accords de la musique et la mélodie des contes et poèmes. Que la fête commence !

Josy Marty-Dufaut

avec la participation d'Erik Groult pour la reconstitution des plats médiévaux

HEIMDAL

Les sources

Les manuscrits culinaires

Le premier texte écrit en français paraît au début du XIVe siècle sous le titre les *Enseingnemenz qui enseingnent a apareillier toutes manieres de viandes*. Il est diffusé en même temps que deux autres ouvrages d'égale importance rédigés en latin : le *Tractatus* et le *Liber de Coquina*. Mais c'est en 1330 qu'est publié le livre emblématique du Moyen Âge, le plus lu, le plus copié, le plus utilisé : le *Viandier* de Taillevent. Le *Mesnagier de Paris*, qui reprend la majeure partie des recettes du *Viandier*, est édité entre 1392 et 1394. À la fin du XIVe siècle, le texte anglais le *Form of Cury* est un palimpseste de tous les manuscrits de la gastronomie anglaise, composé par les cuisiniers du roi Richard II. En 1420, le Fait de cuisine de Maître Chiquart est un livre majeur, écrit par le maître queux du duc de Savoie. Il existe d'autres œuvres comme le *Modus* et le *Libre de Sent Sovi*, écrits au début du XIVe siècle mais limités à une cuisine méridionale.

- 1300 Les *Enseingnemenz qui enseingnent a apareillier toutes manieres de viandes*
- 1300 Le *Tractatus de modo praeparandi et condiendi omnia ciberia*
- 1300 Le *Liber de Coquina*
- 1330 Le *Viandier*
- 1392-94 Le *Mesnagier de Paris*
- 1390 Le *Form of Cury*
- 1420 Le *Fait de cuisine de Maître Chiquart*

Les manuscrits culinaires français, italiens, espagnols, anglais, allemands, s'inspirent les uns des autres si bien que l'on retrouve dans chacun les mêmes recettes. Il existe de ce fait un fond commun à la cuisine de l'Europe, mêmes recettes, mêmes ingrédients, mêmes épices, mêmes méthodes, avec toutefois des différences liées à l'histoire de chaque nation. La cuisine française se caractérise par une préférence pour les saveurs acides, la cuisine anglaise, l'italienne et l'espagnole préfèrent le sucré. La cuisine italienne et la cuisine espagnole portent la marque de l'influence orientale alors que les Français prisent assez peu les dattes, les raisins secs et même le miel. Le *Fait de cuisine de Maître Chiquart*, œuvre du chef du prince de Savoie, est une synthèse de toutes les tendances.

Les ouvrages culinaires proposent des menus selon les jours gras et les jours maigres et s'articulent le plus souvent selon cette dichotomie. Dans le *Mesnagier de Paris*, on relève dix-sept menus pour les jours gras et cinq pour les jours maigres. En effet, au Moyen Âge, la religion conditionne l'alimentation. Cent quarante jours dans l'année sont considérés comme jours maigres. La période du Carême qui dure quarante-six jours a pour but de faire connaître aux riches le régime alimentaire que pratiquent les pauvres la majeure partie de l'année. Le jour de Carnaval précède l'entrée en Carême, c'est un jour de fête, de réjouissances et d'abondance de nourritures.

Ces livres sont pour la plupart l'œuvre de maîtres queux, c'est-à-dire de cuisiniers de rois, de princes ou de nobles seigneurs, exception faite pour le *Mesnagier de Paris*. Le terme « queux » est un dérivé du latin « *cocus* » signifiant « cuisinier », la terminaison latine « *us* » ayant été transformée en « x » par les copistes, ce qui explique l'orthographe du mot. La fonction de maître queux est, jusqu'à la Révolution, une charge de la cour honorifique très importante.

- Les *Enseingnemenz qui enseingnent a apareillier toutes manieres de viandes*

Cet ouvrage est le premier manuscrit culinaire connu au Moyen Âge, écrit en ancien français. Il daterait de 1306 et comporte une soixantaine de recettes regroupées en deux parties : la première concernant les jours gras, la seconde les jours maigres. Les recettes assez lapidaires se présentent sous la même formulation : « *por char de buef, por char de veel, por fere blanc brouet de gelines…/* pour viande de bœuf, pour viande de veau, pour faire un brouet blanc de poules ». Les principaux plats médiévaux y sont répertoriés mais présentés d'une façon rapide et concise. L'indication des saisons est précisée dans un souci de diététique.

- Le *Tractatus de modo praeparandi et condiendi omnia ciberia*

Le *Tractatus*, de la même époque que les *Enseignements*, est cette fois rédigé en latin. Il contient une rubrique consacrée aux boissons ce qui est original par rapport aux *Enseignements* et au *Liber de Coquina*, autre livre contemporain. Les recettes de vin font appel aux épices habituelles ainsi qu'à de nombreuses herbes aromatiques. Ces pages sont une précieuse indication sur les plantes utilisées en cuisine. Le *Tractatus* a le souci de décrire une cuisine pratiquée dans toute l'Europe.

- Le *Liber de coquina*

Le *Liber de coquina*, rédigé lui aussi en latin, est d'inspiration italienne. Il est divisé en plusieurs chapitres : légumes, légumineuses, viandes, desserts, poissons et entremets. Son auteur anonyme s'adresse à un large public. Il consacre une place notable aux légumes et aux légumineuses, largement consommés dans les milieux modestes et s'intéresse également à des entremets élaborés, apanage de la classe des seigneurs et des princes. On y relève des recettes de pois chiches, pois, fèves, lentilles, fenouil… aussi bien que le célèbre entremets « la torta parmesane », qui sera repris par Taillevent.

- Le *Viandier*

Le *Viandier* est le livre phare du Moyen Âge, celui que la postérité retient en premier. Son succès immédiat provient du fait qu'il est rédigé pour le roi Charles V et que son auteur est connu. Guillaume Tirel, dit Taillevent, est un personnage haut en couleur, à la vie riche en événements. Son sobriquet est en rapport avec le nom de son village natal mais également avec un appendice nasal assez imposant qui, sans doute, était fait pour « tailler le vent ». Réalité et légende se mêlent et s'entremêlent ! Très jeune, il est placé comme valet de cuisine chez Jeanne d'Évreux, épouse du roi Charles IV, puis il entre au service de Philipe VI jusqu'à la mort de ce dernier. Il accède ensuite aux fonctions suprêmes de maître queux du roi Charles V. Son histoire est l'ascension d'un jeune

garçon parti de rien vers la gloire professionnelle. Le *Viandier*, écrit vers 1330, connaîtra une large diffusion en Angleterre et en Allemagne. Plusieurs versions existent car le texte connaît de nombreuses réécritures, cependant le plan de chacune reste identique à celui des premières. Taillevent divise le recueil en chapitres qui suivent l'ordre d'un repas médiéval : potages, rôtis et entremets. Il consacre une étude aux sauces bouillies et non bouillies, une autre s'intéresse au vin. Quelques recettes sont axées sur des mets de fête, spécifiques de grands festins. Le titre « *Viandier* » est employé dans le sens latin « *vivenda* », « les aliments en général ». Le livre se termine avec plusieurs exemples « *d'entremetz de paintrerie / entremets spectacles peints* ». Quatre manuscrits du *Viandier* sont répertoriés aujourd'hui : le plus ancien se trouve à la Bibliothèque Nationale, le deuxième à la bibliothèque Mazarine, le troisième aux archives de la Manche à Saint-Lô, enfin le dernier au Vatican.

- Le *Mesnagier de Paris*

Le *Mesnagier de Paris*, rédigé entre 1392 et 1394, est un ouvrage didactique destiné à une jeune épouse qui aura la charge d'une maison lorsque son mari, l'auteur du livre, disparaîtra. Les deux premières parties s'attachent à exalter les vertus du mariage, la troisième est consacrée aux problèmes domestiques relatifs aux achats concernant la cuisine ainsi qu'aux recettes culinaires. Celles-ci sont au nombre de quatre cents, certaines reprennent celles des ouvrages antérieurs, cent-vingt sont empruntées au Viandier, toutefois l'originalité de l'œuvre réside dans le fait que l'auteur, un bourgeois anonyme, s'adresse à la bourgeoisie et de ce fait, les recettes sont plus accessibles à tous.

- Le *Form of Cury*

Ce recueil anglais de la fin du XIVe siècle regroupe tout ce qui a été écrit en Angleterre. Il sera à son tour copié et recopié. On attribue sa rédaction aux cuisiniers du roi Richard II, ce qui lui donne un prestige considérable. Le terme « *cury* » a aujourd'hui un sens différent, il signifiait en ancien anglais « *cooked food* », nourriture cuisinée. De nombreuses recettes ressemblent à celles que l'on trouve dans le *Viandier*.

- Le *Fait de cuisine de Maître Chiquart*

En 1420, le maître queux du duc de Savoie rédige un précis qui va marquer l'histoire culinaire : le *Fait de cuisine de Maître Chiquart*. L'auteur décrit longuement les tours de mains, les manières de faire, se montre rigoureux sur le poids des ingrédients et la durée de cuisson, ce qui n'a jamais été fait par ses prédécesseurs. Maître Chiquart est au service du duc de Savoie qui règne sur un domaine important et veut prouver au royaume de France le prestige et le faste de sa cour. Aussi le *Fait de cuisine* est-il structuré autour des festins organisés lors d'une fête qui dura quatre jours. La dichotomie jour gras, jour maigre, chère aux manuels culinaires, n'est étudiée qu'à l'intérieur de ces festins et n'est pas l'articulation principale du livre. Les mets présentés appartiennent aux traditions française et italienne, la Savoie étant un carrefour entre les deux pays mais on sent la volonté de Maître Chiquart d'élargir ses recettes à l'Europe.

Les ouvrages scientifiques

De nombreux renseignements sur les habitudes culinaires et les propriétés des aliments se trouvent énoncés dans les ouvrages d'inspiration médicale et à portée encyclopédique.

- Le ***Regimen Sanitatis Salernitatum*** est rédigé en latin par les médecins de l'*École de Salerne* qui se sont regroupés dans cette ville de l'Italie du Sud pour dispenser leur enseignement. Ils réfléchissent sur les effets de la nourriture sur la santé. Ils composent un recueil de poèmes, sans doute le plus populaire du XIIIe siècle. Leurs réflexions sur les vertus des plantes aromatiques sont toujours d'actualité.

- Le ***Theatrum Sanitatis***, traité médical diffusé entre le XIVe siècle et le XVe, propose « deux cent huit manières de tirer le meilleur parti de son corps ainsi que le maximum de plaisirs sans nuire à sa santé et en vivant en harmonie avec la nature ». Ce manuscrit compte de nombreuses enluminures relatives aux animaux, aux végétaux et aux aliments en général. Il est conservé à la bibliothèque Casanatense de Rome.

- Le ***Tacuinum Sanitatis*** est un ouvrage médical basé sur des textes traduits de l'arabe en latin. Ses miniatures apportent de sérieux renseignements sur les plantes et la nourriture. On en dénombre trois versions : celle de Paris à la fin du XIVe siècle, celle de Vienne fin XIVe début XVe, enfin la dernière le *Tacuinum* de Rouen du début du XVe siècle.

- *De medicinis simplicibus*, le livre Des Simples médecines, œuvre de Mattheus Platearius, qui paraît à la fin du XVe siècle, est la synthèse de tous les savoirs de l'Europe enrichis de la culture du monde islamique. C'est le plus célèbre traité de médecine du Moyen Âge, rehaussé de magnifiques enluminures dues à l'artiste Robinet Testard, au service du comte Charles d'Angoulême, conservées à Paris et en Russie.

- *De proprietatibus rerum*, *Le livre des propriétés des choses* de Barthélémy l'Anglais, est une encyclopédie rédigée vers 1230-1240 par un moine anglais franciscain. Cette œuvre de vulgarisation est une vue d'ensemble de la connaissance du monde. De nombreux chapitres et enluminures sont consacrés aux aliments.

Les livres religieux

Les ouvrages religieux sont de remarquables témoignages sur la vie au Moyen Âge. Les livres sont fabriqués principalement dans les monastères et la plupart sont destinés aux hommes d'Église et aux chrétiens pour leurs prières. Ils sont également commandés par les rois, les princes, les riches seigneurs. La Bible reste l'ouvrage de référence le plus enluminé. Les bréviaires (livres contenant les prières journalières), les psautiers (livres de psaumes), les antiphonaires (recueils de chants religieux), les lectionnaires (recueils de lecture des offices)… sont également richement illustrés. Le rôle des enluminures est essentiel, elles ont non seulement une fonction esthétique mais également une fonction illustrative.

Les livres d'heures, ouvrages de dévotion privée, remplacent peu à peu les psautiers auprès des laïcs. Ils sont structurés selon les mois de l'année et les huit « heures » ou huit moments de la journée consacrés à la prière du chrétien. Les calendriers évoquent souvent les travaux des champs, les scènes de chasse et donnent de précieux renseignements sur les végétaux et les animaux. Les grandes scènes de festins y sont représentées. Parmi les livres d'heures les plus célèbres, citons *Les Grandes Heures de Jean de Berry* (1409), *Les Grandes Heures de Rohan* (1430-35), *Les Très Riches Heures du duc de Berry* (1410-1416).

Certains artistes enlumineurs ont marqué le Moyen Âge : Jean Fouquet, Jean Le Noir, les frères de Limbourg, le Maître de Boucicaut, Jean Pucelle… et, grâce à leur talent inestimable, ils ont fait vivre les scènes de la vie de tous les jours.

Les tapisseries

Les tapisseries sont des sources vivantes de renseignements. La tapisserie de Bayeux s'intéresse à un moment de l'histoire de la Normandie. Conservée aujourd'hui au centre Guillaume le Conquérant à Bayeux, elle retrace les circonstances et le déroulement de l'expédition en Angleterre menée par Guillaume, duc de Normandie, au XIe siècle. Une scène illustre le festin somptueux donné par Guillaume à ses barons et à son demi-frère l'évêque Odon, repas qui doit leur donner courage avant la bataille décisive qu'ils ont à livrer.

Scènes tirées de la Tapisserie de Bayeux, exceptionnel document tissé de la fin du XIe siècle. *(Avec l'aimable autorisation de la ville de Bayeux.)*

Les fouilles archéologiques

Les fouilles permettent de mettre à jour les ustensiles concernant la vie quotidienne, conservés aujourd'hui dans les musées. On peut y voir des pichets, des brocs, des marmites tripodes, des récipients de stockage des liquides, des écuelles… Selon la classe sociale, ces objets sont soit en terre cuite, soit en étain ou en bronze ou même en argent. Nous avons ainsi une idée précise du quotidien au Moyen Âge.

1. Un pichet et deux brocs. Le premier (fin du XVᵉ siècle) est en étain, les deux brocs en bronze (XIIIᵉ-XVᵉ siècles). Ils sont conservés au Musée des Antiquités de Seine-Maritime.
2. Bure en bronze doré, Allemagne, XVᵉ siècle. (Etude Piasa.)
3. Aquamanile en bronze représentant un lion, anse en forme de dragon. Allemagne du Nord, fin du XIIIᵉ siècle. (Sotheby's.)
4. Marmites tripodes en bronze, objets très courants à l'époque. Leur hauteur s'étage ici entre 25 et 34 cm. Elles sont conservées au Musée des Antiquités de la Seine Maritime.
5. Céramiques vernissées dites « de Rouen », XIVᵉ siècle. (Musée des Antiquités de la Seine-Maritime.)
6. Jattes en terre cuite destinées au traitement des produits laitiers, XVᵉ siècle. (Musée de Normandie, Caen.)
7. Fourchette à chaudron en fer, longue de 38 cm et servant à accrocher un chaudron, XIIIᵉ-XVᵉ siècle. (Musée de Normandie, Caen.)
8. Lèchefrite du XVᵉ siècle. (Musée de Normandie, Caen - Photo G.B.)

1. Le banquet princier se présente toujours de manière identique à la fin du Moyen Âge, comme nous le voyons sur cette miniature et celles des deux pages suivantes. Les convives sont d'un seul côté des tables, souvent sur tréteaux et recouvertes de nappes de lin. La partie centrale, libre, est réservée au service et au spectacle. (Paris, BNF, Ms fr. 1257, f° 181 v.)
2. Repas pris sur un campement médiéval plus simple et convivial. (Photo G. Bernage.)
3. Aquamanile en bronze en forme de bouquetin. Récipient pour verser l'eau dans les repas princiers. Allemagne du Nord, XIVe siècle.

L'organisation du banquet

Le repas médiéval se caractérise par une organisation particulière du service et la place que tiennent les entremets dans ce repas, entremets culinaires et entremets spectacles.

Le service à la française

Au Moyen Âge, tous les plats d'un même service sont déposés en même temps sur la table selon « le service à la française ». Le repas comprend en général cinq ou six services appelés en ancien français « *assiettes* » : « *premiere assiette, seconde, tierce, quarte et quinte* » et chaque service compte une douzaine de plats différents. Les meilleurs mets sont disposés devant le maître de maison et l'hôte qu'il veut honorer. Les autres mets sont répartis sur la table, les moins goûteux aux extrémités où sont assis les invités les plus modestes. Il est donc impossible à chacun des convives de toucher à tous les aliments.

1. Banquet à la cour d'Angleterre, d'après un manuscrit de la British Library. On remarquera la nappe avec ses liserés bleus. Chaque convive dispose d'un tranchoir, d'un couteau. Il y a des petits pains et des salières sur la table. Des musiciens jouent dans une tribune. (B.L., Londres, Ms Royal 14E IV, f° 224 V.)

2. Banquet chez de riches bourgeois à l'occasion d'une naissance. Miniature de la Biblia figurata réalisée, probablement à Gand, pour Raphaël de Mercatel. On remplacera là aussi les tranchoirs (en étain), les couteaux, les verres et les petits pains. (Gand, cathédrale, Ms 10, f° 26 V.)

3. Repas aristocratique. On remarque à nouveau les tranchoirs, couteaux et petits pains, ainsi que des salières. Le personnage principal se sert dans le plat avec la main. Belle miniature de Simon Marmion in Les Visions de Tondal, *ouvrage commandé par Marguerite d'York, Gand, 1474. (Paul Getty Museum, Los Angeles, Ms 30 f° 7.)*

4. Sur cette nouvelle miniature, on remarquera la vaisselle ouvragée, la nappe de lin brodée, la vaisselle exposée sur son dressoir à paliers, les bancs où sont assis les invités. Miniature dans l'adaptation par Jean Miélot de l'Epître d'Othéa de Christine de Pisan, vers 1460. (Bruxelles, Bibl. royale, Ms 9392, f° 36 v.)

5. Banquet où l'on remarquera le dais surmontant la place du souverain et faisant face à un dressoir à paliers très ouvragé. Miniature dans l'Histoire de Charles Martel de David Aubert, Bruxelles, 1465. (Bruxelles, Bibl. royale, Ms. 8, f° 33 v.)

De nos jours, nous pratiquons « le service à la russe » : les mets nous sont proposés au fur et à mesure, l'un après l'autre et arrivent déjà tout découpés. Toutefois, nous retrouvons aujourd'hui les habitudes médiévales lors des buffets.

Le repas commence souvent par un apéritif, l'hypocras ou le « garnache », vin de grenache, accompagné de fruits cuits ou secs et de « tostées » (tranches de pain trempées dans le vin). Le service suivant est consacré aux mets mijotés dans un pot appelés « potages » et aux « pastés » (pâtés). Les « rosts » (rôtis) sont présentés après : rôtis de viande ou plats de poissons. Viennent ensuite les entremets, qui sont des plats divers aussi bien sucrés que salés, servis au moment où les convives marquent une pause et regardent les représentations qui leur sont offertes. Ces spectacles portent également le terme d'entremets.

La trilogie : potage et pâté, rôti, entremets, représente un repas médiéval que ce soit lors d'un festin à la cour ou d'un repas moyen, l'apéritif étant facultatif. Dans les milieux aisés, plusieurs services clôturent le repas. La « desserte » est, comme son nom l'indique, le moment où l'on dessert la table, où le repas est sur le point de s'achever. Des confiseries, des fruits secs et des douceurs sont alors offerts ainsi que des plats salés, le Moyen Âge combinant volontiers le salé et le sucré. Le service appelé « l'yssue » lui succède aussitôt. Le terme dérive du verbe « issir » signifiant « sortir » ; c'est un des derniers épisodes du repas pendant lequel les commensaux boivent du vin et dégustent une fois de plus des gâteaux. Le « boute-hors » n'est pas indiqué dans les menus car, n'étant réservé qu'à quelques convives, il se prend en privé dans les appartements particuliers du maître des lieux. Quelques friandises épicées, qui aident à la digestion, sont alors dégustées, accompagnées d'une dernière gorgée de vin.

Les entremets

Le terme « entremets » s'applique aussi bien à une catégorie de plats qu'à un divertissement.

Les entremets culinaires

La présentation de certains entremets dans les grands festins est superbe. L'un d'entre eux, le coqz heaumez, est un modèle culinaire décrit dans le Viandier et dans le Form of Cury. Il s'agit d'un mets réalisé à partir d'un cochon de lait farci et d'un coq. Le coq chevauche le dos du cochon et a les pattes de chaque côté de l'animal. Il est revêtu d'une casaque en tissu et d'un heaume en papier ayant la couleur de l'acier et brandit devant lui une lance. Son bec est tenu entrouvert grâce à une tige en fer. Cette création symbolise soit un chevalier montant un cheval soit un nouvel animal.

Taillevent énonce la recette dans le Viandier : « Mettez cochons rostir et poulaille comme coqz et vielles poulles ; et, quant le cochon sera rosty d'une part et la poulaille d'autre, convient farsir la poullaille, sans escorcher, qui veult ; et la convient farsir de paste batue aux œufs, et, quant elle est dorée, la convient mettre à chevauchons sur le cochon, et fault ung heaume de papier collé et une lance fichié à la poictrine de ladicte poullaille, et les fault couvrir de fueil d'or ou d'argent, pour les seigneurs, ou de feul d'estain blanc, vermeil ou vert. / Mettez un cochon à rôtir ainsi qu'un coq et des poules ; quand le cochon est rôti ainsi que les volailles, farcissez le coq sans l'abîmer. Il faut faire la farce avec une pâte à base d'œufs et, quand elle est dorée, il faut mettre le coq sur le cochon comme s'il le chevauchait. Il faut lui fabriquer un heaume en papier et lui mettre une lance contre la poitrine. Il faut recouvrir le tout de feuilles d'or ou d'argent pour les seigneurs ou de feuilles d'étain blanc, vermeil ou vert pour les autres ».

Le même plat s'intitule cotagre dans le Form of Cury, appellation composée de « cock » le coq et de « grees » désignant un porc sauvage. « Take an hole rowsted kok, pulle hym and hylde [cast] hym al togyder saue the legges. take a pigg and hilde [cast] hym fro the myddes dounward, fylle him ful of the fars and sowe hym fast togider. do hym in a panne and see the hym wel. and whan they bene isode : do hem on a spyt and rost it wele. colour it with zolkes of ayren and safroun, lay theyon foyles [leaves] of gold and of siluer. and serue hit forth ». La traduction a sensiblement le même sens que la traduction précédente puisque la recette est la même.

Un autre entremets célèbre, les tourtes parmeriennes, est décrit dans presque tous les recueils. Il s'agit là aussi d'un grand classique facilement réalisable pour un petit nombre de convives. Les tourtes doivent suggérer les murailles crénelées d'un château-fort, la bannière des seigneurs flottant au-dessus de la nourriture. La recette des tourtes est proposée dans un des menus figurant dans cet ouvrage.

Les entremets spectacles

L'entremets est également le moment du spectacle qui doit divertir les convives mais également faire appel à leur imaginaire. Troubadours, trouvères, jongleurs, acrobates, musiciens vont tout mettre en œuvre pour créer une ambiance chaleureuse. Des exemples d'entremets sont donnés dans les textes culinaires et les chroniques relatant des faits historiques. Taillevent consacre la dernière partie du Viandier à la description d'entremets spectacles. Il choisit de retracer un épisode du combat des chrétiens contre les Sarrasins dans l'entremets intitulé une tour : « Qui veult faire une tour couverte de toile tainte comme se c'estoit maçonnerie, convient IIII fenestres aux IIII *quarrés de la tour, et qu'il y ait semblable comme Sarrasins et Mores faisans semblant de tirer à l'omme sauvage qui les vouldroit assaillir. Et pour faire l'omme sauvaige, convient ung bel homme, hault et droit, vestu d'une robe de toille et chausses et souliers tout tenant ensemble, et que ladicte robbe soit toute couverte de chanvre paint. Et, en la tour, il fault comme la figure d'ung jeune valleton qui déguisé soit comme enfant sauvaige, et qu'il ait des pelotes de cuir plainnes de bourre ou des estaint tains en manière de pierres pour gecter contre ledit homme sauvage.* / Pour faire une tour recouverte de toile peinte comme s'il s'agissait de maçonnerie avec quatre fenêtres aux quatre coins de la tour, avec des Sarrasins et des Maures faisant semblant d'être assaillis par un homme étranger. Et pour faire face à ces hommes sauvages, il faut un bel homme, grand et droit, vêtu d'une robe de toile, avec des chausses et des souliers assortis et que la robe soit toute couverte de chanvre peint. Dans la tour, il faut que le visage d'un jeune valet déguisé, comme un homme sauvage apparaisse et qu'il porte des sacs de cuir pleins de bourre ou des ustensiles peints comme s'ils étaient en pierre pour jeter contre l'envahisseur ». Taillevent met également en scène des combats fabuleux. Ainsi dans l'entremets *pour faire l'ymage saincte Marthe*, il rappelle la façon dont une jeune fille a vaincu le dragon qui terrorisait une ville ; l'homme médiéval croit à l'existence véritable d'animaux que nous qualifions aujourd'hui de fantastiques : tarasque, licorne, manticore, griffon… « *Convient faire l'ymage saincte Marthe, le dragon de son long en costé elle, et une chainne d'or lyée au col du dragon, don celle saincte le tendra, comme elle le conquist.* / Pour l'image de sainte Marthe, il faut représenter un dragon à côté d'elle, le cou encerclé par une chaîne d'or que tient la jeune fille lorsqu'elle le fit prisonnier ».

Les chroniqueurs se font dans leurs récits les témoins de certains entremets célèbres. Le « Banquet du faisan » est relaté par Olivier de la Marche et Mathieu d'Escouchy qui s'attardent sur le spectacle d'un combat entre un tigre et un serpent se déroulant dans un désert. Le décor est ensuite changé : un lac est recréé sur lequel navigue une nef se dirigeant à la voile de châteaux en châteaux. Une autre scène représente une prairie aux mille fleurs entourée de rochers de saphir, une magnifique fontaine placée au milieu.

La réception de Charles IV de Bohême donnée par son neveu Charles V est somptueuse en raison de la recherche des entremets. Elle est rapportée longuement dans les *Grandes Chroniques de France*, œuvre colossale rédigée par des moines à la demande de Pierre d'Orgemont, chancelier du roi Charles V. Les scènes ne peuvent que passionner les convives puisqu'il s'agit d'illustrer le thème des croisades. La traduction de l'extrait proposé est donnée en français moderne. « *Le thème requis fut la conquête de la sainte cité de Jérusalem par Godefroy de Bouillon. Le roi choisit cette histoire en fonction de ses hôtes car il lui semblait qu'à de si grands personnages de la chrétienté et qui plus est, à des gens qui auraient pu se trouver en pareille situation de s'engager au service de Dieu, on ne pouvait donner l'exemple d'un fait plus notable. Pour bien retracer et figurer les faits, on procéda comme il s'ensuit : à l'extrémité de la salle du palais, qui formait un espace bien clos caché aux regards extérieurs, il y avait une nef en forme de navire pour aller en mer, pourvue de voiles, de mâts et d'un château à la proue et à la poupe comme il se doit pour ce type de navire. Il était joliment peint et plaisamment décoré. L'intérieur était garni de gens costumés en soldats ; leurs cottes d'armes, écus et bannières étaient aux armes de Jérusalem que portait Godefroy de Bouillon. Ils étaient jusqu'à douze qui arboraient les armes des capitaines qui participèrent à la conquête de Jérusalem avec le dit Godefroy. Pierre l'Ermite se tenait debout à l'avant de la nef comme l'histoire le rapporte. La nef fut alors mise en mouvement par des gens qui étaient cachés à l'intérieur. Elle fut habilement déplacée sur le côté gauche du palais et tournée avec tant d'aisance qu'elle semblait glisser sur l'eau. Elle se plaça de l'autre côté de la salle, à la gauche du grand dais. Après ce premier tableau, apparut à l'endroit d'où était partie la nef, un entremets à l'image de la cité de Jérusalem. On y voyait le Temple, bien imité, compte tenu de l'espace disponible, et une haute tour, sise contre celui-ci, ressemblant aux tours du som-*

*Les entremets spectacles. **Grandes chroniques de France**, XIVe siècle.* (Paris BNF, Département des manuscrits, Français 2813 fol. 473 v.)

met desquelles les Sarrasins crient leur loi. Là, un homme vêtu en habit de Sarrasin criait la loi en langue arabique à la manière des Sarrasins. Cette tour était si haute que celui qui se trouvait dessus atteignait presque les poutres du plafond. En bas, tout autour de la dite cité, il y avait des imitations de murs de tours et de créneaux ; ils étaient garnis de Sarrasins armés, tenant bannières et penons, prêts à combattre pour défendre la ville. Ce décor fut amené par des gens cachés à l'intérieur jusqu'à la droite du grand dais. Lors, les deux entremets se placèrent en vis-à-vis. Les gens qui étaient dans la nef en descendirent et vinrent donner l'assaut à la cité. Longtemps ils l'assaillirent et il y eut bon exercice de ceux qui montaient à l'assaut par les échelles. Finalement, ceux de la nef eurent l'avantage et conquirent la cité. Ils jetèrent par-dessus bord ceux qui étaient costumés en Sarrasins et remplacèrent leurs bannières par celles de Godefroy et de ses compagnons. Tout cela fut exécuté et rendu de bien meilleure manière que l'écrit aurait pu le faire. Et quand la scène fut jouée, les entremets furent ramenés à leur place primitive ».

Les enluminures, elles aussi, figent dans le temps ce moment tellement attendu des entremets. Une des plus connues est celle où l'on voit Louis IX et les princes assis derrière la table alors que des acteurs au premier plan miment la prise d'un château fort et l'arrivée d'une nef. Il s'agit du spectacle offert par le roi lors du mariage de son frère Robert d'Artois en 1234.

Les manières de table

Les manières de table au Moyen Âge, si elles sont différentes des nôtres, obéissent néanmoins à un code élaboré. L'individu qui ne les respecte pas est exclu du groupe social auquel il appartient. Le romancier Chrétien de Troyes, auteur du roman *Le conte du Graal*, en donne un excellent exemple. Perceval est un jeune homme qui s'engage auprès du roi Arthur et commence une carrière héroïque. Lors de sa quête initiatique, il participe à un banquet dans un château étrange. Au début du repas, le héros est troublé car les serviteurs n'arrêtent pas de passer avec le Graal puis soudain le manège s'arrête : « *Sus les eschaces fu assise La table, et la nape [sus] mise Mais que diroie de la nape ? Legaz ne chardonaus ne pape Ne manja onques sor plus blanche. Li premiers mes fu d'une anche De cerf [de] grasse au poivre chaut. Vins clerz ne raspez ne lor faut As copes dorees a boivre. De la hanche de cerf au poivre Uns vallez devant es trancha, Qui a lui la anche saicha A tot lo tailleor d'argent, Et les morsiaus lor met devant Sor un gastel qui fu antiers. Et li graaux andemantiers Par devant es retrespasa, Ne li vallez ne demanda Do graal cui l'en an servoit. Por lo prodome se tenoit, Qui docemant lo chastia De trop parler.* / On plaça la table sur des tréteaux et on posa la nappe par-dessus. Que dire de cette nappe, sinon que jamais un ambassadeur, un cardinal ou un pape n'avait mangé sur un tissu aussi blanc ? On servit d'abord un cuissot de cerf bien gras, bien poivré. Ils ne manquèrent pas de vin, ni fort ni léger, et ils en remplirent plusieurs fois leurs coupes d'or. Un serviteur coupa devant eux le cuissot de cerf au poivre après l'avoir déposé sur le plat d'argent, et il leur présenta chaque morceau individuellement sur une grande tranche de pain. Le jeune homme demanda où était le Graal qu'il ne voyait plus. Le seigneur qui était assis à ses côtés fut courroucé qu'il posât autant de questions ». Le passage est riche en informations. Le jeune invité, s'il veut être accepté dans cette société, ne doit pas poser de questions.

L'extrait nous apprend la façon dont est mise la table. Il s'agit ici d'une plaque de marbre posée sur des tréteaux puisque nous sommes dans un intérieur royal mais la plupart du temps, une simple planche de bois suffit. Il n'y a pas de pièce spécifique réservée au repas si bien que la table est dressée dans différents lieux selon les circonstances : cette coutume a donné l'expression « dresser la table ». Seules les demeures royales et seigneuriales possèdent une salle dans laquelle se déroulent les réceptions.

La table est recouverte d'une nappe blanche sur laquelle est placée une autre pièce de tissu, le « *doublier* ». Une troisième pièce de tissu « *la longière* » est disposée sur le bord du doublier et fait ainsi le tour de la table ; elle permet aux convives de s'essuyer la bouche et les mains. Il faudra attendre le XVIe siècle pour voir apparaître « *la touaille* », l'ancêtre de notre serviette, pièce de tissu d'abord accrochée au mur puis disposée devant chaque personne.

Les commensaux s'assoient sur des bancs placés d'un seul côté de la table. Cette disposition reproduit l'image religieuse de la Cène, repas où le Christ et les apôtres avaient pris place les uns à côté des autres et non face à face. Elle permet également aux convives de ne rien perdre du spectacle des entremets qui se joue devant eux. Cependant on peut remarquer, sur certaines enluminures, que les convives sont assis de part et d'autre de la table mais ce fait reste encore inhabituel. Le maître de maison et les personnages importants sont souvent placés à une table à part. Il en est de même pour les repas champêtres. Ainsi dans *Le livre de chasse de Gaston Phébus*, le seigneur est assis devant une table placée sur des tréteaux dans un coin de la forêt, deux hôtes auprès de lui, l'un à sa droite, l'autre à sa gauche, tandis que les autres chasseurs sont sur l'herbe sur laquelle une nappe a été simplement posée. On retrouve toujours la même hiérarchie des convives.

Le début du repas, dans les grands banquets, est annoncé par un ou plusieurs hérauts qui sonnent du cor pour informer de l'arrivée du service : ce rituel s'appelle « corner l'assiette ». Une miniature du livre de Jean Fouquet illustre cette habitude.

Avant de passer à table, il est d'usage de se laver les mains. Un valet préposé à cet office présente à chacun une aiguière et un bassin afin de recueillir l'eau. Le *Mesnagier de Paris* propose la façon de réaliser une eau agréable : « *Pour faire eaue a laver mains sur table mectez boulir de la sauge, puis coulez l'eaue et faictes reffroidier jusques a plus que tiede. Ou vous mectez comme dessus camomille et marjolaine ou vous mectez du rommarin et cuire avec l'escorche d'orenge. Et aussi feuilles de lorier y sont bonnes.* / Eau pour rincer les mains à table : mettez à bouillir de la sauge dans de l'eau et faites-la refroidir jusqu'à

Cuillère en laiton à confiture, du XVe siècle. (Coll. Heimdal.)

ce que la température soit encore plus tiède. Vous pouvez aussi, à la place de la sauge, prendre de la camomille et de la marjolaine ou encore du romarin et faire cuire avec des pelures d'orange. Les feuilles de laurier conviennent bien aussi ».

La salle de réception est souvent ornée d'un meuble d'apparat qui renferme la vaisselle précieuse et les pièces d'orfèvrerie. Il s'agit du dressoir, recouvert d'une nappe qui tombe jusqu'au sol par crainte des empoisonnements omniprésents dans l'esprit des gens importants et des princes.

Les plats arrivent couverts pour qu'ils ne refroidissent pas, les cuisines étant assez loin de la salle où se déroule le festin. Cette précaution est surtout nécessaire car ainsi les mets ne sont pas touchés, ce qui diminue les risques de mettre du poison dans les aliments.

Devant chaque convive est placée une planche de bois ou une plaque de cuivre, d'étain, d'argent ou d'or sur laquelle est posée une épaisse tranche de pain à croûte dure avec le moins de mie possible qui sert d'assiette. Le terme « tranchoir » s'applique aussi bien à la planche qu'à la tranche de pain. L'écuyer tranchant y dispose les aliments solides. Cet officier royal occupe une des plus hautes fonctions de la cour : il a la charge de veiller au bon fonctionnement des repas et a la responsabilité de l'intendance. Les potages liquides sont servis dans une écuelle en bois ou en terre cuite, parfois en étain ou en argent. L'écuelle sert à deux personnes, elle ne deviendra personnelle qu'à la fin du Moyen Âge. Il n'y a pas d'assiette. Ce terme ne sera attesté qu'en 1507 et dérive du sens de l'ancien français : « action de placer les convives à table » avant de désigner la pièce de vaisselle.

La nef occupe le centre de la table, elle renferme les épices, le couteau et la cuillère de l'hôte. Chez les princes, c'est une pièce d'orfèvrerie. Elle contient le précieux contrepoison qui est la mythique corne de licorne ! Elle est fermée à clef ce qui fait qu'on l'appelle également « le cadenas ».

Les mets sont apportés sur des plats en bois ou en métal précieux selon la classe sociale.

La fourchette n'est pas encore en usage, il en existe quelques-unes à deux dents mais elles servent uniquement à saisir la nourriture et à la déposer sur le tranchoir.

La cuiller est très importante, elle est employée depuis longtemps pour manger les potages et les bouillies. Elle est composée d'un manche et d'un cuilleron. L'étymologie du mot est intéressante. Le terme est dérivé du latin « cachlearium », dérivé lui-même de « cachlea » « l'escargot », les Romains se servant de la pointe dont elle était munie pour dégager les escargots de leur coquille. Le mot, d'abord masculin, est devenu très vite féminin. Le cuilleron va subir une évolution au cours des siècles puisqu'il tend de plus en plus à s'arrondir.

Il y a plusieurs sortes de couteaux selon l'application qui est dévolue à cet ustensile. L'écuyer tranchant utilise deux couteaux : l'un pourvu d'une extrémité pointue pour piquer les tranches, l'autre ayant une lame large pour les présenter. Les convives se servent d'un couteau qu'ils portent à la taille comme une dague afin de saisir les aliments solides. Les seigneurs en possèdent plusieurs avec des manches adaptés aux différentes périodes de l'année : blancs pour les fêtes de Pâques, noirs pendant le carême.

Le gobelet, la coupe à boire ou le hanap sont, en fonction de la classe sociale, en bois, en étain ou en argent. Il arrive que deux convives se le partagent. Les vins sont servis par l'échanson selon la demande de chacun.

Il faut préciser que les invités arrivent toujours avec leur couteau et leur cuiller, souvent avec leur hanap. Il n'y a pas d'assiette. Organiser de nos jours un banquet médiéval nécessitera donc peu de vaisselle, coutume oblige !

L'art culinaire

Trois verbes caractérisent la façon de préparer les aliments au Moyen Âge : hacher, broyer, filtrer. Hacher s'effectue avec un couteau, broyer se fait dans un mortier avec un pilon, filtrer est possible avec une étamine, linge très fin qui permet d'exprimer les sucs.

Plusieurs modes de cuisson sont utilisés : le pochage, la friture et la cuisson lente à l'étouffée. Il n'est pas étonnant de choisir pour un seul mets deux ou trois façons de le cuisiner dans le but d'en améliorer le goût et l'aspect. Le pochage s'avère souvent nécessaire car il attendrit les viandes, c'est aussi un moyen de leur enlever tout microbe. La friture permet de les saisir, d'en intensifier le goût, la cuisson lente est l'occasion de combiner les saveurs des ingrédients. Le rôtissage, autre mode de cuisson, ne se pratique que chez les riches des milieux urbains ou dans les châteaux car il nécessite une cheminée munie d'une broche.

Le vocabulaire employé dans les manuscrits traduit l'art culinaire médiéval, il est le même dans tous les recueils.

« *Grain* » : le grain est la partie solide d'un plat par rapport à la partie liquide.

Les « *moyeux* » d'œufs et les « *aubuns* », les jaunes d'œufs et les blancs. Les jaunes d'œufs durs sont largement utilisés dans la réalisation de certaines sauces avec les foies de volaille.

« *Esmye* » : émietté. Le pain, lorsqu'il sert d'agent de liaison des sauces, est toujours émietté avant d'être détrempé.

« *Deffaire* » et « *Détremper* », employés indifféremment, signifient « mouiller » avec du vin ou du verjus. Souvent le verbe « *deffaire* » est suivi de vin ou de verjus. Dans l'ouvrage *Liber de Coquina*, le verbe latin « *debutatos* » signifie « défaire » et le verbe « *distemperos* » a le sens de « mélanger en mouillant ».

« *Frire, frisez* » : faire revenir dans la graisse.

« *Pourboulir* » : nombreux sont les aliments qui sont d'abord bouillis avant d'être rôtis dans le but de les « refaire » (les raffermir).

« *Souffire* » : faire cuire doucement ou faire revenir dans une matière grasse.

« *Couler* » : passer à l'étamine de façon à extraire le suc.

Superbe couteau du XVe siècle avec la marque du forgeron sur la lame. On remarque aussi le sabot de cheval au bout du manche. (Coll. Heimdal.)

« *Hâler* » : faire dorer au gril ou à la broche. Le « *hâteur* » ou « *hâleur* » est l'homme préposé à la broche.

« *Grete minced* » grossièrement taillé, « *grynd it smal* » moulu dans un mortier et le verbe « *drow up* » mixer, reviennent souvent dans les recettes anglaises.

Peu de précisions sont données en ce qui concerne les quantités des ingrédients et les durées de cuisson. Elles sont laissées au jugement et au savoir-faire du maître queux. La plupart du temps, elles sont appréciées à l'aide d'adverbes. L'auteur du *Liber de Coquina* note : « *parum* » suffisamment, « *aliquantalum* » un peu. Il en est de même dans le *Viandier* et dans le *Mesnagier*. Taillevent et l'auteur du *Mesnagier* emploient le nominatif « *foison* », parfois précédé d'un adjectif « *grant foison* », pour indiquer une quantité importante, qui s'oppose à « *ung petit de* » ou « *un peu de* ».

Certaines pratiques culinaires ne nous sont pas familières, notre façon de réaliser certains mets étant différente aujourd'hui surtout en ce qui concerne les sauces. Peu de gras et de farine entrent dans leur composition. L'acidité est souvent recherchée, elle est obtenue grâce à l'emploi du verjus, le jus de raisins verts qui est la plupart du temps associé au vinaigre et au vin. L'épaississement est réalisé avec de la mie de pain trempée dans un liquide, avec des amandes, un jaune d'œuf cuit broyé, du foie de volaille haché. Les liaisons se font au jaune d'œuf cru ajouté en fin de cuisson ; il donne également la couleur jaune si recherchée.

Le lait d'amandes est une émulsion naturelle, il se fait avec de l'eau, du bouillon de viande ou un court-bouillon de poisson. Au Moyen Âge, il n'y a aucun moyen de réfrigération ce qui fait qu'il est difficile de conserver le lait produit par les animaux. Les maîtres queux ont trouvé une façon de résoudre ce problème en employant le lait d'amandes.

La recette du lait d'amandes est indispensable dans la préparation de nombreux plats. Elle est proposée dans ce chapitre. Prenez des amandes sèches mondées (décortiquées). Mettez les amandes et l'eau tiède ou le bouillon dans un saladier. Recouvrez d'un torchon et laissez reposer pendant 30 minutes. Broyez les amandes et passez l'appareil dans un linge très fin (une gaze par exemple) appelé l'étamine. Vous obtenez un liquide qui est le lait d'amandes.

50 cl d'eau tiède ou de bouillon
30 g d'amandes mondées

Les ustensiles de cuisine

Les traces dans les fouilles

De nombreux accessoires domestiques ont été découverts lors de fouilles. La majeure partie appartient à la cuisine.

Le pot est l'ustensile le plus utilisé. Il sert à la cuisson des aliments et à la conservation des matières premières. La plupart du temps, il est en terre, mais il en existe aussi en métal. Il repose dans la cheminée sur un trépied. Généralement en fer, le trépied peut avoir différents diamètres et hauteurs.

Deux cuillères du XVᵉ siècle. Celle du haut est en bronze et l'autre en laiton. Des reproductions de ces cuillères ont été réalisées. (Coll. Heimdal.)

Le chaudron ou la marmite est indispensable à une longue cuisson sur le feu.

La poêle en fer, à longue queue, sert à la friture et à la réalisation des sauces. Elle se retrouve dans tous les milieux.

Le mortier et le pilon sont nécessaires pour le hachage des herbes, le broyage des épices et du pain.

Les passoires et les écumoires sont plus rares chez les pauvres que chez les riches car elles sont la preuve d'une nourriture plus élaborée. Il en est de même pour les moules à pâtisserie et les fers à gaufres.

Les demeures seigneuriales comportent une cheminée. Souvent, elles sont équipées d'une crémaillère qui permet de régler la hauteur du chaudron par rapport au feu. Chez les gens riches et en milieu urbain, elles comportent une broche et une lèchefrite qui permet de recueillir les graisses. Dans les grandes maisons, un jeune valet est préposé pour tourner la broche.

Le four est très rare. Les paysans font cuire leur pain dans le four qui appartient au seigneur. Les tourtes, la grande invention culinaire du Moyen Âge, se fabriquent chez les « *pastissiers* ».

Les témoignages des manuels culinaires

Les manuels culinaires apportent quelques précisions sur les ustensiles de cuisine.

L'auteur du *Liber de Coquina* mentionne souvent la « *sartigine* » dérivé de « *sartagos* », la poêle à frire et la « *patella* », plat qui sert à la friture. La « *scutella* » est une écuelle, le mot est de la même famille que le terme « *scutum* » le petit bouclier des soldats romains. L'auteur cite également la « *olla* », la marmite, qui donnera son nom à un plat « *l'oille* », un grand classique de la cuisine espagnole importée en France par Marie-Thérèse, l'épouse de Louis XIV.

Taillevent dans le *Viandier* se sert très souvent de « *la broche* » et du « *gril* », qui permettent une cuisson propre à la cuisine des princes.

L'auteur du *Mesnagier* cite « *le pot* » et « *la paelle d'airain ou de fer* » ainsi que « *le bultel, estamine* », le blutoir (grand tamis utilisé pour la farine) et l'étamine. Il signale l'importance de « *la culier* » nécessaire pour que les potages n'attachent pas au fond du pot. Il s'attarde longuement sur l'ustensile qui sert à faire les crêpes : « *une escuelle percee d'un pertuis gros comme vostre petit doy* »/ une écuelle percée d'un trou gros comme votre petit doigt.

Les maîtres queux de Richard II dans le *Form of Cury* mentionnent eux aussi l'utilisation des filtres et des tamis ainsi que celle du mortier. Le mortier est même à l'origine du mets : les « *mortrews* ». Les instruments de cuisson semblent être le plus souvent en terre : les mots « *erthen pot* » et « *erthen panne* » reviennent très souvent, « *erthen* » étant la forme ancienne de « *earth* » la terre. La « *panne* » est indifféremment un plat ou une poêle.

Le maître queux Chiquart, dans son ouvrage le *Fait de cuisine*, note que les plateaux sont en or et que les « *cornues* » sont des plats précieux dans lesquels on présente les mets.

1. Détail d'un tableau - fête champêtre à la cour de Bourgogne, copie d'après l'original de 1431 montrant le duc de Bourgogne, Philippe le Bon ; on remarque une fontaine de table, une aiguière, un hanap, un plat. (Dijon, Musée des Beaux-Arts.)

2. Hanap aux emblèmes de Jean sans Peur, duc de Bourgogne, 1405-1419, argent décoré au poinçon et doré. (Karlsruhe, Badische Landesmuseum.)

3. Fontaine de table, Paris, vers 1320-1340, argent doré et émaux translucides. (The Cleveland Museum of Art, inv. 1924.8591.)

4. Hanap de cristal de roche, avec or, diamants, rubis et perles ayant appartenu à Philippe le Bon, duc de Bourgogne, milieu du XVe siècle. (King's Lynn Corp. Coll.)

5. Coupe aux armes de Jean sans Peur, duc de Bourgogne, entre 1404 et 1419, argent repoussé ; décor gravé, décor rapporté fondu. (Boston, Museum of Fine Arts, inv. 48.264.)

Le poivre, Marco Polo, Le Livre des Merveilles. (Paris, BNF, département des manuscrits, Français 2810 fol. 84.)

Épices nécessaires à la réalisation des recettes

Le terme « épice » s'applique au Moyen Âge aussi bien aux épices proprement dites qu'aux plantes aromatiques et condimentaires. Taillevent énumère les épices au début du *Viandier* : « *espices qu'il fault a ce present Viandier : Gingenbre. Canelle. Giroffle. Graine de paradis. Poivre long. Espic. Poivre ront. Fleur de canelle. Saffren. Noiz muguettes. Feulles de lorier. Garingal. Mastic. Lores. Commin. Succre. Amandes. Aulx. Ongnons. Ciboules. Escaloignes. S'ensuit pour verdir. Persil. Salmonde. Oseille. Fueille de vigne ou bourjons. Groseillier. Blé vert en yver* ».

Les épices

Les épices provenant de l'Orient font rêver, elles font appel à l'imaginaire. L'homme médiéval aime songer à des contrées inconnues où vivent des hommes à têtes de chiens, des animaux extraordinaires comme les licornes, les mantichores, les mermecilions… Les épices font partie de cet univers. Dans *Le Roman de la Rose*, le plus célèbre des ouvrages littéraires du Moyen Âge, Guillaume de Lorris imagine un jardin idyllique où elles poussent à volonté : « *Il y avait maintes épices, clous de girofle et réglisse, graine de paradis nouvelle, anis et cannelle et maintes sucreries qu'il fait bon manger après le repas* ».

Les épices entrent dans la réalisation de nombreux mets car elles sont reconnues pour leurs propriétés médicinales. Au Moyen Âge, la science suit encore la doctrine d'Hippocrate. Quatre humeurs se partagent le corps de l'homme : le sang, la lymphe, la bile jaune et la bile noire. Elles correspondent aux quatre éléments, le feu, l'air, la terre et l'eau, affectés chacun d'une qualité propre : le chaud, le sec, le froid, l'humide. Le déséquilibre de ces humeurs entraîne la maladie. L'épice, de nature chaude, doit être associée à certains aliments considérés comme froids de façon à faire le contrepoids. Chaque épice a des vertus thérapeutiques spécifiques. Si la plupart ont des propriétés digestives comme les clous de girofle, le gingembre, la cardamome, d'autres sont stimulantes pour l'appétit, enlèvent les maux de tête ou combattent les flatulences. Certaines sont même recherchées pour leurs propriétés aphrodisiaques.

Utiles à la santé, les épices permettent également une cuisine raffinée et recherchée. L'association de plusieurs parfums, de différentes saveurs, donne des goûts délicats, parfois inhabituels à nos palais, qui font de certains mets de véritables régals. Les cuisiniers emploient aussi les épices pour colorer les aliments. Le safran confère une teinte jaune, la cannelle une nuance brune. Particulièrement onéreuses, les épices sont l'apanage des classes sociales supérieures. Elles sont de ce fait beaucoup plus utilisées dans le *Viandier* et le *Fait de cuisine de Maître Chiquart* que dans le *Mesnagier*.

Toutes les épices citées et utilisées dans cet ouvrage s'achètent chez les marchands d'épices. Seuls le poivre long et la graine de paradis, plus connue sous le nom de maniguette, sont moins courants mais se trouvent néanmoins.

La cannelle est présente dans bien des préparations, elle est la composante principale de « *la cameline* »,

Gingembre, Platearius, Le livre des simples médecines, vers 1480. (Paris, BNF, Département des manuscrits, Français 12322 fol. 183.)

la célèbre sauce médiévale. La cuisine romaine l'ignorait, la cuisine médiévale la privilégie. La cannelle est l'écorce du cannelier, arbre de quinze mètres de hauteur. L'écorce séchée se présente sous forme de tuyaux.

Le clou de girofle a un goût amer, il est souvent utilisé broyé, ce qui libère encore plus ses saveurs. C'est le bouton de la fleur du giroflier cueilli avant son éclosion. Avec ses quinze mères de haut et son feuillage brillant en forme de cône, le giroflier est un arbre magnifique, qui, si on le touche, exhale des effluves délectables.

La noix de muscade, entourée d'une enveloppe dure, le macis, est le noyau du fruit du muscadier, arbre pouvant atteindre jusqu'à 20 mètres de hauteur. La noix râpée est très odorante.

La cardamome, dont on emploie les graines, est surtout connue pour ses vertus aphrodisiaques, c'est dire si le Moyen Âge l'apprécie ! La cardamome est une plante vivace de la même famille que le gingembre. Ses fleurs sont semblables à celle des iris et ses fruits se présentent sous la forme d'une gousse beige ou verdâtre, renfermant des petites grappes de graines noires.

Le gingembre est une plante herbacée dont on consomme le rhizome surtout utilisé pour ses vertus aphrodisiaques et digestives. L'auteur du *Mesnagier de Paris* distingue le gingembre blanc, séché sans son écorce, du gingembre de mesche qui, au contraire, est séché avec l'écorce.

Le galinga également connu sous le nom de **garingal** est comme le gingembre un rhizome de la même famille que ce dernier. On l'utilise aujourd'hui assez rarement.

Le safran est l'épice la plus chère : il faut cent mille fleurs de crocus pour obtenir cinq kilos de stigmates qui se réduiront à un seul kilo de safran sec. Il donne de la couleur aux plats. Le safran est le jaune des riches alors que le jaune d'œuf est celui des pauvres.

Le poivre, très prisé à l'époque romaine, est oublié dans les premiers siècles du Moyen Âge. Marco Polo découvre ce fruit du poivrier lors de son fabuleux voyage en Chine et l'introduit de nouveau en Europe. Toutefois, le poivre reste encore peu estimé. Le poivrier est une plante grimpante qui ressemble à de la vigne produisant des baies qui sont comestibles.

Le poivre long, qui est le fruit d'une plante de la même famille que le poivrier commun, a la préférence au Moyen Âge par rapport au poivre ordinaire, sa saveur étant plus tenace. Il est onéreux et le reste encore aujourd'hui.

La graine de paradis ou **maniguette** est originaire d'Afrique, pays mystérieux pour l'homme médiéval. Il situe le paradis terrestre quelque part dans des contrées inconnues et donne alors le nom de graine de paradis à la maniguette. C'est une épice très chère au Moyen Âge et Maître Chiquart, afin de prouver la richesse du duc de Savoie, l'emploie beaucoup dans ses recettes. Elle a un peu le goût piquant du poivre.

Le sucre est au Moyen Âge une denrée onéreuse et, de ce fait, considérée comme une épice. La canne à sucre est cultivée au Moyen Orient et les croisés la découvrent sur la route de Jérusalem. Notons que le sucre est beaucoup plus présent dans le *Viandier* que dans le *Mesnagier de Paris*, ce qui s'explique par le prix et la rareté. Le miel est l'édulcorant universel depuis l'Antiquité et davantage utilisé dans les manuscrits anglais et italiens que dans les ouvrages français.

Les maîtres queux se servent dans leurs recettes d'une composition d'épices préparée à l'avance et conservée dans un pot comme le sel et le poivre. Dans le *Viandier* et le *Mesnagier*, il s'agit de la poudre fine ; dans le *Form of Cury*, il y a deux types de préparations : la poudre forte et la poudre douce.

- L'auteur du *Mesnagier* donne la formule de la « Pouldre fine » : « *Prenez gingembre blanc, 1 once et 1 drachme, canelle triée 3, girofle et graine, des chascun demi quart d'once et de sucre en pierre 3 et faictes pouldre* ».

L'once représente le seizième d'une livre soit environ 30 g, la drachme équivaut à 3 g 24.

Broyez toutes les épices et mélangez-les. Gardez précieusement cette préparation. Vous pouvez toutefois diminuer la quantité de sucre, les maîtres queux du Moyen Âge en utilisant parfois un peu trop. Vous pouvez diviser les proportions par 2 ou 3 selon l'usage que vous avez de cette composition et le nombre de convives prévus.

Pouldre fine :

33 g de gingembre blanc
90 g de cannelle
3,5 g de clous de girofle
3,5 g de graines de paradis
90 g de sucre

- Les maîtres queux du *Form of Cury* distinguent deux préparations : la *Powder-forte* et la *powder-douce*.

La *Powder-forte* est un mélange d'épices chaudes composé de gingembre, de cannelle, de clous de girofle, de graines de paradis et de mie de pain. La *Powder-douce* est beaucoup plus suave et aromatisée.

La *Powder-forte* :

4 cuillerées à soupe de gingembre en poudre
1 cuillerée à soupe de cannelle en poudre
1 cuillerée à thé de clous de girofle moulus
1 cuillerée à thé de graines de paradis écrasées
1 cuillerée à thé de mie de pain émiettée

La *Powder-douce* :

1 cuillerée à thé de graines d'anis broyées
1 cuillerée à thé de graines de fenouil broyées
1 cuillerée à thé de graines d'hysope broyées
4 cuillerées à soupe de sucre

Les « épices de chambre » sont consommées lors de l'*issue*. Elles aident à la digestion. Vous pouvez les proposer en fin de festin. Ce sont des épices enrobées de sucre ou confites dans le miel. Choisissez des morceaux de gingembre, des clous de girofle, des bouts de cannelle.

- épices au sucre

Faites bouillir les épices quelques minutes. Égouttez-les. Prenez un peu de l'eau bouillie et faites un

Clous de girofle.

Noix de muscade.

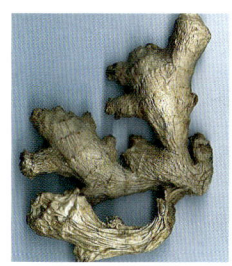
Gingembre.

Safran.

Poivre long.

Graine de paradis.

La menthe. Platearius, Le livre des simples médecines, vers 1480. (Paris, BNF, Département des manuscrits, Français 12322 fol. 186v.)

sirop avec du sucre. Plongez-y les épices quelques minutes. Laissez-les sécher sur du papier sulfurisé.
- épices au miel

Faites bouillir les épices dans le miel. Écumez au fur et à mesure. Lorsque le miel devient compact, ôtez les épices et laissez-les refroidir sur une plaque.

Les plantes aromatiques

Les plantes aromatiques entrent également dans l'alimentation, possédant des propriétés thérapeutiques à l'instar des épices. Elles ont l'avantage d'être peu onéreuses car on les trouve dans la nature. Les paysans les connaissent bien et les moines les cultivent dans les jardins proches des monastères.

Elles sont particulièrement utilisées dans le *Tractatus* et certaines ont même disparu aujourd'hui ou sont méconnues, ce qui explique qu'il manque la traduction de quelques termes dans l'article du *Tractatus*. « *Vinum seminatum sic conficitur* (Pour réaliser du vin, prenez) : *recipe cinamomi* (cannelle), *zinzybris* (gingembre), *milii, ana 3 uncias* (3 onces) ; *folii, gariofilorum* (clou de girofle), *spice nardi* (nard), *galange* (galinga), *leucophi* (ballotte), *melanopermi* (nigelle), *macrophylli* (glaïeul), *nucis muscate* (noix), *macis* (macis), *xibobalsami* (sève du baumier), *masticis* (résine du lentisque), *carpobalsami* (sève du baumier), *gummi edere* (gomme de lierre), *iuniparii, orimi, silii, spermatis alexandrini, sileris montani, petrosilini* (persil), *amomi* (plante semblable à l'amome), *ameos, dauci, sparasii, seminis eius, penthaphilon* (potentille), *phipondule* (filipendule), *bruci, sparaga* (plante ressemblant à l'asperge), *betonice* (bétoine), *salis gemme* (sel gemme), *calomi aromatici* (plante aromatique), *costi* (plante aromatique), *xylocacie* (cassier arbre), *nucleorum cherasi partiti* (petites noix), *pineas* (pomme de pin), *piretri* (pyrèthre), *lapidis luni* (pierre de lune), *ana .3. uncias* (3 onces). Item : *gentiane* (gentiane), *turbite* (arbuste inconnu), *polipodii, thimi* (thym), *ephitimi* (fleur du thym), *hermodatili, melonum seminis* (pépins de melon), *citruli* (citrouille), *cucumeris* (concombre), *cucurbite seminis* (pépins de courge), *edere* (lierre), *leuastici* (livèche), *squernanti, spice celtice croci* (safran), *ana uncias .III. ; omnium mirabolum, ana uncias II.* (2 onces) ; *feniculi* (fenouil), *carui* (carvi), *gariofilate* (giroflée), *ana uncias III* (3 onces) ».

L'auteur du *Mesnagier* donne des conseils sur la façon de conserver les plantes aromatiques : « *et aucuns pour espices ont poulieul grant, sarriete, ysope, marjolaine, quelliz quant ilz sont en fleur et puis sechez et pilez pour espices.* / En matières d'épices, quelques-uns tiennent en grande considération le pouliot (espèce de menthe), la sarriette, l'hysope et la marjolaine ; toutes ces épices sont cueillies lorsqu'elles sont en fleur et séchées puis pilées avant d'être utilisées ».

Plusieurs plantes reviennent dans les recettes médiévales. D'abord considérées comme remèdes, elles sont peu à peu entrées dans l'alimentation. Elles figurent presque toutes dans le Capitulaire de Villis, ordonnance de Charlemagne dans laquelle l'empereur conseillait de les cultiver dans ses domaines. La plupart poussent très facilement dans les jardins et s'acclimatent sur les balcons ; il est donc possible de les utiliser fraîches. Toutefois, elles se trouvent aujourd'hui dans le commerce sous forme de feuilles ou de fleurs séchées.

Le **persil**, l'**oseille** sont à l'origine d'une sauce particulièrement célèbre au Moyen Âge, la sauce verte, vendue dans la rue par les « crieurs de sauce verte ». Cette couleur donne de la vie aux plats et est particulièrement en vogue. L'oseille au goût assez amer a le mérite de faciliter la digestion.

La menthe est recherchée pour son parfum. Il en existe plusieurs variétés ; la menthe pouliot semble avoir la préférence de l'homme médiéval car son goût est plus âpre que celui de la menthe commune.

Le cerfeuil a des feuilles qui ressemblent à celles du persil. Il est originaire du Moyen-Orient et est introduit en Europe par les Croisés.

La coriandre a, elle aussi, des feuilles semblables à celles du persil mais leur arôme très prononcé la différencie tout de suite. Les graines sont utilisées nature, il suffit de les broyer.

L'hysope est une plante aux fines feuilles allongées. Au Moyen Âge, on trouve son nom cité dans une locution où elle symbolise ce qui est petit par opposition au plus grand : « de l'hysope au cèdre », expression toujours valable aujourd'hui mais un peu oubliée. Les médecins de l'*École de Salerne* lui consacrent une strophe : « L'hysope avec succès purge les flegmatiques, / Bouillie avec du miel aide les pneumoniques, / Et par une vive couleur / D'un teint corrige la pâleur ».

La marjolaine peut atteindre 40 cm de hauteur ; elle possède des petites feuilles d'un vert tendre. Il en existe deux sortes : la marjolaine officinale et la marjolaine origan, la seconde ayant un goût plus prononcé que la première. Toutes deux sont issues des pays méditerranéens et ont, sans doute, été rapportées par les Croisés en France.

Le romarin est originaire de la Méditerranée, son nom veut dire « rosée de mer ». Ses feuilles sont en forme d'aiguilles d'un vert-bleu lumineux. Il se marie très bien avec le thym.

Le thym est plus délicat et son arôme très subtil sert à valoriser celui des autres plantes.

Le cumin est une ombellifère dont les graines séchées ont une saveur assez forte. Les Romains l'utilisaient même à la place du poivre. Au Moyen Âge, il est cultivé dans tous les jardins et donne son nom à un plat savoureux : la *comminee* dont la recette sera proposée dans un des menus de l'ouvrage.

La sauge a une grande importance au Moyen Âge car elle est considérée comme un remède miracle ; son nom est dérivé du verbe latin « *salvare* » signifiant « sauver ». Les médecins de l'*École de Salerne* énoncent ses vertus : « L'usage de la sauge a d'excellents effets / Pour raffermir la main tremblante / Pour conforter les nerfs, la sauge est excellente / Et d'une fièvre aiguë elle arrête l'accès ». C'est une plante qui entre dans la préparation de nombreux plats et qui est à l'origine du fameux vin de dessert, le vin de sauge.

Le pain et le vin

Le pain

La place du pain dans l'alimentation de l'homme médiéval est considérable. La viande, les poissons, les légumes, les fruits ne sont que le « *companage* » c'est-à-dire « les aliments que l'on mange avec le pain ». Ce terme qui apparaît au XIIe siècle prouve la prépondérance du pain. Un document provenant des archives de l'abbaye de Saint-Gall atteste de l'importance de la boulangerie. Mille pains par jour y sont cuits : pains d'épeautre, de seigle, d'orge, d'avoine, pains chauds ou froids, pains cuits à la cendre…

Bien que la consommation de pain soit importante au Moyen Âge, il faut toutefois nuancer cette affirmation. Les pauvres gens mettent le pain au fond de l'écuelle pour épaissir le liquide : ce pain s'appelle « *une souppe* ». Le pain sert d'assiette : c'est le « *tranchoir* », les seigneurs le donnent aux pauvres et aux animaux après le repas. La mie de pain est largement employée dans les préparations culinaires car elle sert de liaison.

Le droit de construire un four pour faire cuire le pain est réservé au roi et aux seigneurs, mais à partir du VIIIe siècle, le seigneur permet à des particuliers d'utiliser son four personnel moyennant une taxe appelée « droit de banalité ». Le métier de « *fournier* » se développe : ces artisans vont faire cuire dans les fours la pâte préparée par les citadins et les paysans.

Le four est situé loin des habitations, il est à proximité des moulins dans lesquels la farine est broyée et tamisée par le « *talemelier* » ou « *talemetier* » également appelé « *boulanger* ». L'étymologie du vocable « *talemelier* » est incertaine. On peut supposer qu'il est composé du verbe « *taler* » « *battre* » et du verbe « *meler* » « *mélanger* ». Le terme « *boulanger* » est issu du mot « *bolle* » « *boule* » par allusion aux boules rondes qui sont pétries. Le mot « *boulanger* » remplacera peu à peu celui de « *talemelier* ». Les fourniers seront amenés à disparaître car ils seront supplantés par les boulangers qui se grouperont en une corporation très puissante.

Le panetier est un grand officier de la cour au même titre que le maître queux, l'échanson et l'écuyer tranchant. Il veille à la fabrication du pain dans les cuisines royales. Il est également le chef suprême de la corporation des boulangers.

Nous ne connaissons pas les recettes de pain au Moyen Âge car elles ne sont pas consignées dans les manuscrits culinaires ; il faut attendre le XVIIe siècle pour que Nicolas de Bonnefons énonce les façons de faire du pain suivant les céréales employées. Toutefois, on peut penser, en s'appuyant sur le texte du *Mesnagier de Paris* qu'il existe trois sortes de pain de qualités différentes. En effet, il note la commande pour une maisonnée : « *Au boulanger : dix douzaines de pain blanc plat cuit de la veille, d'un denier pièce. Pain de tranchoirs : trois douzaines d'un demi-pied de large et de quatre doigts de haut, cuist quatre jours avant, et que ce soit du pain bis ; ou bien prendre aux halles du pain de Corbeil* ». Il y a donc le pain blanc qui est le meilleur, le pain blanc bis ou pain bourgeois qui est un pain moyen, enfin le pain bis, le pain le plus grossier servant comme tranchoirs.

Le pain vendu dans la capitale provient des communes voisines et est souvent livré par des bateaux naviguant sur la Seine. Corbeil et Gonesse sont réputées. Plusieurs boulangers forains regroupés à Gonesse font un pain excellent qui, plus tard, sera connu sous l'appellation « pain de chapitre » c'est-à-dire pain réservé aux gens d'église.

Le pain, **Tacuinum Sanitatis, Allemagne,** XVe **siècle.** *(Paris, BNF, Ms latin 9333, fol. 61 v.)*

(EG)

Le dressoir : le service du vin. Barthélémy l'Anglais, Livre des propriétés des choses, XVᵉ siècle. (Paris, BNF, Département des manuscrits, Français 9140 fol. 115.)

Raisin du vignoble italien.

Le vin

Les Français, Italiens et Espagnols boivent du vin alors que les Anglais préfèrent la bière. La vigne est au Moyen Âge cultivée par les paysans afin d'assurer leur consommation de vin et par les moines qui utilisent leur savoir-faire pour améliorer les vignobles, la production du vin de messe correspondant à une de leurs règles. Les seigneurs et les princes font entretenir les vignobles près de leurs châteaux par les serfs afin de disposer de leur propre vin.

La dichotomie nourriture de pauvre, nourriture de riche se retrouve dans la boisson. Les vilains se contentent de piquette alors que les seigneurs ont un goût très marqué pour les vins épicés. Le vin est reconnu depuis l'Antiquité pour avoir des vertus médicinales et l'adjonction d'épices ne fait qu'augmenter cette propriété. L'hypocras est le vin emblématique du Moyen Âge, le clairet, *claretum de vinum*, est un vin également largement apprécié. Le vin de sauge est un excellent vin de dessert.

Dans le cadre des grands festins, le service du vin est réglé selon un rituel décrit par le chroniqueur Olivier de la Marche dans *L'état de la maison du duc Charles de Bourgogne dit le Hardy*. Le texte est présenté dans sa traduction en français moderne. « Quand la table est couverte et que le panetier a fait son travail, l'huissier de salle va chercher l'échanson qui doit servir et le mène à l'échansonnerie. Là, le garde-linge donne le gobelet couvert que l'échanson prend par le pied dans sa main droite et dans sa main gauche, il tient une tasse. […] Le sommelier marche derrière l'échanson et porte dans sa main droite deux pots d'argent, dans l'un est le vin, dans l'autre l'eau. Le pot du prince doit être reconnu à une pièce de licorne pendant à une chaîne… » Ce cérémonial est dû à la peur des empoisonnements ; la corne de la licorne, animal fabuleux du Moyen Âge, est en fait une dent de narval mais l'homme a besoin de rêves… L'échanson est, au même titre que le panetier, un grand officier de l'hôtel du roi, le panetier a la charge du pain, l'échanson a la charge du service du vin. Le sommelier est l'officier qui est responsable des divers services concernant les vivres. Au cours des siècles, le sommelier remplacera l'échanson puisque, aujourd'hui dans les restaurants, c'est lui qui s'occupe du service des vins.

Au Moyen Âge, les ouvrages culinaires s'intéressent à la façon de garder le vin, de l'améliorer et de le rectifier en agissant soit sur la couleur, soit sur la saveur. En effet, le vin n'est pas conservé dans des bouteilles en verre comme il le sera à partir du XVIIIᵉ siècle mais dans des tonneaux en bois et la fermentation est difficile à contrôler. Le métier de tonnelier est pourtant parfaitement réglementé comme en témoignent de nombreuses ordonnances conservées aujourd'hui dans les Archives des villes. Le bois utilisé doit être de bonne qualité, les étapes de la réalisation du tonneau codifiées… Malgré cela, le vin subit des altérations, il est donc nécessaire de savoir agir sur sa qualité. Le miel permet de modifier l'acidité du vin d'origine. Le galinga ou garingal ôte le goût du baril, il s'agit d'une épice de la même famille que le gingembre. Les graines de paradis donnent du corps au vin qui a parfois perdu son caractère au cours d'un long transport. Taillevent indique la façon de procéder si le vin sent le fût : « *Pour garir vin bouté ou qui sente le fust, le mugué ou le porry. Prenez deux denrées de gingenbre et soient bien batuz emsemble, puis mettez celle poudre boullir en II quartes de vin, et l'escumez bien, puis le mettez chault ou vaissel et le mouvez bien jusques au fons, puis l'estouppez bien, et le laissiez reposer tant qu'il soit rassiz.* / Pour améliorer un vin qui sent le fût ou le pourri. Prenez deux sortes de gingembre, mélangez-les bien ensemble et mettez cette poudre à bouillir dans deux quarts de vin. Écumez et mettez dans un baril. Remuez bien, fermez avec de l'étoupe et laissez reposer ».

Les vins les plus appréciés au Moyen Âge sont l'hypocras, le clairet et le vin de sauge. Vous pouvez les réaliser vous-mêmes pour un banquet à partir de l'étude effectuée dans ce chapitre.

Ypocras ou *Ipocras*, l'hypocras

La recette de l'hypocras figure dans tous les manuscrits culinaires et les ouvrages s'intéressant au corps humain. C'est un vin qui peut être servi aussi bien en apéritif qu'en dessert. Il est à base de vin rouge ou blanc et de sucre. Son goût très particulier tient à la subtile combinaison d'épices. L'épice dominante et indispensable est la cannelle. Les autres épices utilisées dépendent de l'art et des goûts de chacun. Les épices sont préparées d'avance ce qui explique les quantités importantes données dans certains recueils, les cuisiniers puisant au fur et à mesure de leurs besoins dans cette composition. Il est conseillé d'attendre quelques jours avant de déguster l'hypocras, ainsi les arômes des différentes épices se magnifient-ils entre eux.

Recette selon le *Viandier*

« *Ipocras. Pour faire une pinte d'ypocras, il fault troys treseaux synamome fine et pares, un treseau de mesche ou duex qui veult, demy treseau de mesche et graine, de sucre fin six onces ; et mettés en pouldre, et la fault toute mettre en un couleur avec le vin, et le pot dessoubz et le passés tant qu'il soit coulé, et tant plu est passé et mieux vault mais que il ne soit esventé.* / Pour faire une pinte d'hypocras, il faut trois treseaux de cannelle fine, un ou deux treseaux de gingembre, comme l'on veut, un demi-treseau de graine, six onces de sucre fin. Mettez tout cela en poudre et mélangez au vin et passez le tout à l'étamine ; ayez soin que le vin ne s'évente pas ».

Un treseau représente le quart de l'once soient 7 g environ.
Broyez toutes les épices. Mélangez-les au vin. Passez à l'étamine plusieurs fois. Laissez reposer.
Pour 1 litre d'hypocras
1 litre de vin rouge
180 g de sucre
20 g de cannelle
7 g de gingembre
3 g de graines de paradis

Recette selon le *Mesnagier de Paris*

L'auteur du *Mesnagier de Paris* propose une recette semblable à celle de Taillevent en y ajoutant de la muscade. « *Ypocras. Pour faire pouldre d'ypocras, prenez un quarteron de très fine cannelle triée à la dent, et demy quarteron de fleur de cannelle fine, une once de gingembre de mesche trié fin blanc et une once de graine de paradis, un sizain de noix muguettes et de garingal ensemble, et faites tout battre ensemble ; et quant vous voudrez faire l'ypocras, prenez demye once largement et sur le plus de ceste pouldre et deux quarterons de succre, et les meslez ensemble, et une quarte de vin à la mesure de Paris.* / Hypocras. Pour faire de la poudre d'hypocras, prenez un quarteron de cannelle, un demi-quarteron de fine fleur de cannelle, une once de gingembre et une once de graines de paradis, un sixième d'once de mélange de noix de muscade et de garingal et broyez le tout. Et quand vous voudrez faire de l'hypocras, prenez une demi-once ou plus de cette poudre et deux quarterons de sucre, mélangez-les ensemble et une quarte de vin à la mesure de Paris ». La quarte représente presque 2 litres, le quarteron est le quart d'une substance.

Broyez toutes les épices. Ajoutez le sucre et le vin. Passez le mélange plusieurs fois à l'étamine. Laissez reposer.
1 litre de vin rouge
200 g de sucre
10 g de cannelle
3 g de gingembre
3 g de graines de paradis
1 noix de muscade

Recette selon le *Form of Cury*

L'hypocras est autant apprécié en Angleterre qu'en France et sa recette se trouve dans le *Form of Cury*. « *Pur fait ypocras. Treys Unces de canett. and III unces de gyngeuer. spykenard de Spayn le pays dun denerer, garyngale. clowes. gylofre. poeuer long, noiez mugadez. Maziozame cardemonij de chescun I quart douce grayne and de paradys stour de queynel de chescun dim unce de toutes, soit fait powdour etc.* / Pour faire de l'hypocras. Prenez 3 onces de cannelle, 3 onces de gingembre, du nard d'Espagne, du garingal, des clous de girofle, du poivre long, de la noix de muscade, de la marjolaine, de la cardamome et pour chacun un quart d'once. De la graine de paradis, de la fleur de cannelle pour chacun un dixième d'once. Ainsi vous faites la poudre et vous l'utilisez ».

Les proportions données dans la recette originelle ont été divisées par 3. La quantité de sucre proposée assez importante tient compte du goût des Anglais pour cet ingrédient. Le nard ne s'utilise plus aujourd'hui, c'est une espèce de graminée au parfum pénétrant.

Bâtons de cannelle.

Foulage du raisin, Angers. (BNF ms 0134 f.009.)

Le vin en tonneau, Heures à l'usage de Tours, vers 1500. (Paris BNF, Département des manuscrits, Latin 886.)

1 litre de vin rouge
250 g de sucre
10 g de cannelle
20 g de gingembre
1 clou de girofle
3 g de poivre long
6 feuilles de marjolaine
3 g de noix de muscade
3 g de cardamome
3 g de graines de paradis

Recette selon *Le grant Albert*

Albert le Grand, savant et théologien du XIIIe siècle, dont le rôle est primordial dans l'introduction des sciences arabes et grecques en Europe, réserve un paragraphe à l'hypocras dans un de ses ouvrages *Le grant Albert des secretz des vertus des herbes, pierres et bestes, et aultre livre des merveilles du monde, daulcun effects, causez daulcunes bestes*. La traduction est proposée en français moderne. « Pour faire en peu de temps de l'hypocras qui soit excellent. Pour quatre pintes de vin, vous préparerez les drogues qui suivent : une livre de bon sucre fin, deux onces de bonne cannelle concassée grossièrement, une once de graines de paradis, autant de cardamome, et deux grains d'ambre gris du plus exquis, le tout broyé au mortier avec du sucre candi ; vous ferez de toutes ces drogues un sirop clair, que vous purifierez en le passant deux ou trois fois à l'étamine, et vous mélangerez ce sirop avec quatre pintes d'excellent vin, et vous en aurez le meilleur hypocras que l'on puisse boire ».

Une pinte est la mesure équivalent à 1 litre, l'once équivaut à 30 g.
Broyez toutes les épices. Mélangez-les au vin. Passez à l'étamine deux ou trois fois.

1 litre de vin rouge
125 g de sucre
12 g de cannelle
7 g de graines du paradis
7 g de cardamome

- **La Synthèse** de tous ces ouvrages est proposée dans ce tableau comparatif.

Tableau 1

Selon les différentes recettes, le goût de l'hypocras varie. La formule proposée est un compromis entre toutes. Broyez toutes les épices de façon à obtenir une poudre. Versez-les dans un saladier contenant le vin. Ajoutez le sucre. Laissez infuser 1 heure. Passez plusieurs fois cet appareil à l'étamine. Laissez reposer. Repassez encore à l'étamine avant de mettre en bouteilles. Avec 1 litre de vin rouge, vous obtenez une quantité légèrement supérieure d'hypocras. Réservez pendant 1 semaine.

1 litre de vin rouge assez charpenté, ayant du corps
125 g de sucre
10 g de cannelle
4 g de gingembre
1 g de poivre long
1/4 de noix de muscade râpée
2 g de cardamome
2 g de graines de paradis
2 clous de girofle

Claretum, le Clairet

Le Clairet, vin blanc miellé et épicé, est servi au moment du dessert tout comme l'hypocras mais à la différence de ce dernier, il est réalisé avec du miel à la place du sucre. Le miel est un ingrédient naturel utilisé depuis l'Antiquité. Les cuisiniers ont le secret de sa clarification : ils le mélangent avec des blancs d'œufs battus et de l'eau et placent le tout dans un pot sur le feu, puis ils font bouillir et laissent refroidir l'appareil. Le sucre commence à être employé au Moyen Âge mais il reste encore fort cher. Ce vin se prépare un mois avant sa dégustation. Son nom vient du latin « vinum claratum » « vin clarifié ».

Recette selon le *Tractatus*

La première recette du clairet est citée dans le *Tractatus* : « *Ad claretum componendum, recipe cinamomni uncias .VII., et zyzembris uncias .6., folii galange, spice nardi, ana unciam dimidiam, gariofilorum uncias .III., piperis longi uncias .III. Fiant .4. sextaria clareti cum tribus quartariis mellis bulliati et despumati.* / Pour fabriquer le clairet, prenez 7 onces de cannelle et 6 onces de gingembre, du galinga, du nard, 3 onces de clous de girofle, 3 onces de poivre long. Ajoutez du miel, faites bouillir et clarifiez ».

Comme dans beaucoup de recettes médiévales, des précisions manquent en ce qui concerne la quantité de miel et le nombre de litres de vin à utiliser.

Recette selon le *Viandier*

Taillevent à son tour s'intéresse à ce vin : « *Pour faire une pinte de clairé, il fault demye chopine de myel et sur le faire bien cuyre avecques le vin et qui soit escumé et une once de pouldre fine qui soit passé, qui veult comme ypocras.* / Pour fabriquer du clairet, il faut une demi-chopine de miel et le faire cuire avec le vin, ensuite il faut écumer et ajouter de la poudre fine comme pour l'hypocras ».

Recette selon le *Form of Cury*

La recette choisie est celle de l'ouvrage *Form of Cury* : « *Take kanel and galing, greyns de paris and a lytel peper and make pouder and temper hit wyte wyn and the brid perte honey ans dyne hit porow a clop.* / Prenez de la cannelle et du galinga, des graines de paradis et un peu de poivre et mélangez le tout avec un bon vin blanc et du miel. Filtrez le tout ».

Faites bouillir le vin et le miel. Réduisez le feu et écumez. Remettez sur le feu et ajoutez les épices. Remuez. Laissez reposer cet appareil pendant 24 heures. Filtrez-le ensuite de façon à éliminer le dépôt des épices. Mettez en bouteilles. Conservez au frais et à l'obscurité un mois avant de le consommer.

1 bouteille de vin blanc, type bourgogne aligoté
60 g de miel
1 cuillerée à café de cannelle
1 cuillerée à café de gingembre
1 cuillerée à café de graines de paradis
1 pincée de poivre blanc

Vinum saluiatu, vin de sauge

Ce vin a le mérite d'avoir des vertus digestives. La façon de le réaliser est différente selon les auteurs car les uns emploient les feuilles de sauge séchées, les autres fraîches. La recette a été réalisée à partir de celle du *Mesnagier* avec des feuilles de sauge fraîches.

Recette selon le Tractatus

Une des premières recettes figure dans le *Tractatus* : « *Vt uinum saluiatu, sic conficitur : accipe saluie libras tres, et bene desiccate, uini boni et odoriferi modios tres, et saluia bene desicata cum sextaro uno illius uini, bene fricando inter manus, commisceatur et dimittatur in uase ligneo per spatium unius noctis ; mane uero, ponatur in dolio, et dimittatur donec clarificetur.* / Voici la façon de le réaliser. Prenez trois livres de sauge sèche, du bon vin très parfumé. Les feuilles de sauge sèches doivent être froissées dans les mains, et mises avec un setier de vin bien mélangées dans un récipient en bois pendant une nuit. Laissez décanter, versez le vin dans un tonneau et laissez-le jusqu'à ce qu'il soit clarifié ». Le setier représente 7 litres et demi.

Recette selon le Mesnagier de Paris

L'auteur du *Mesnagier de Paris* procède différemment : « *Saugé. Pour faire ung poinçon de sauge, prenez deux livres de sauge et rongnez les bastons ; puis mectez les feuilles dedens le poinçon. Item ayez demye once de giroffle mis en ung sachet de toille et pendu dedens le poinçon. Item, l'en peut mectre demy once de lorier dedens. Itel demy quarteron de gongembre de Mesche, demy quarteron de poivre long et demy quarteron de lorier. Et qui veult faire le saugé sur table en yver ait en une aiguiere de l'eaue de sauge et verse sur son vin blanc en ung hanap.* / Pour préparer un poinçon de saugé, il vous faut 2 livres de sauge. Coupez les tiges et mettez les feuilles dans le poinçon. De même, mettez une demi-once de girofle dans un sachet de toile et pendez-le dans le poinçon avec une cordelette. De même, on peut mettre aussi une demi-once de laurier dedans. Item un demi-quarteron de gingembre de Mesche, un demi-quarteron de poivre long et un demi-quarteron de laurier. Pour faire un saugé sur table en hiver, mettre dans une aiguière de l'eau de sauge et verser dans un hanap de vin blanc ».

Ciselez les feuilles de sauge. Versez le vin blanc dans un saladier, mettez-y les feuilles de sauge, les clous de girofle, la feuille de laurier, le gingembre et le poivre. Ajoutez le miel, mélangez. Laissez macérer 24 heures. Filtrez et mettez en bouteilles. Conservez ce vin dans un endroit frais à l'abri de la lumière. Laissez-le reposer au moins huit jours.

1 litre de vin blanc doux
1 poignée de feuilles de sauge fraîches (20 g)
120 g de miel
3 clous de girofle
1 feuille de laurier
1 pincée de gingembre
1 pincée de poivre long

Graines de paradis.

La dégustation du vin, Heures à l'usage de Tours, vers 1500. (Paris BNF, Département des manuscrits, Latin 886.)

épices pour 1 litre de vin	*Viandier*	*Mesnagier*	*Form of Cury*	*Grand Albert*	*Synthèse*
cannelle	20 g	10 g	10 g	12 g	10 g
gingembre	7 g	3 g	20 g		4 g
poivre long			3 g		1 g
noix muscade		1 noix	3 g		? de noix
cardamome		3 g	7 g	2 g	
graine de paradis	3 g	3 g	3 g	7 g	2 g
clous girofle			1 clou		2 clous
sucre	180 g	200 g	250 g	125 g	125 g

Menus d'après les manuscrits culinaires

(EG)

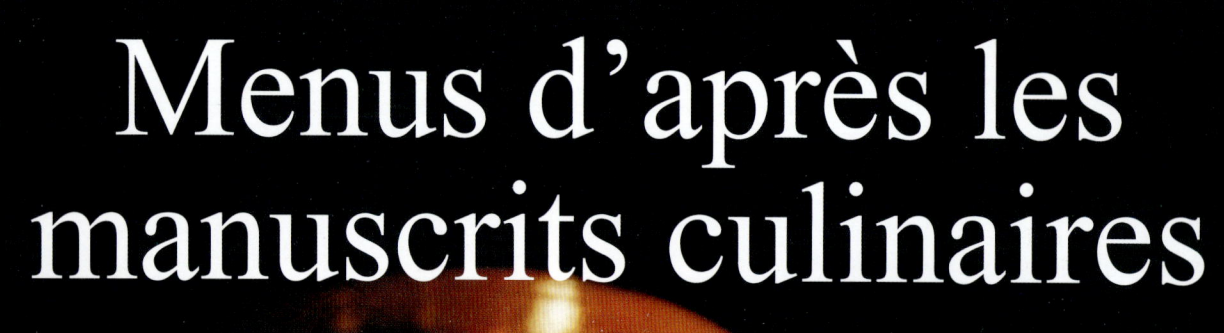

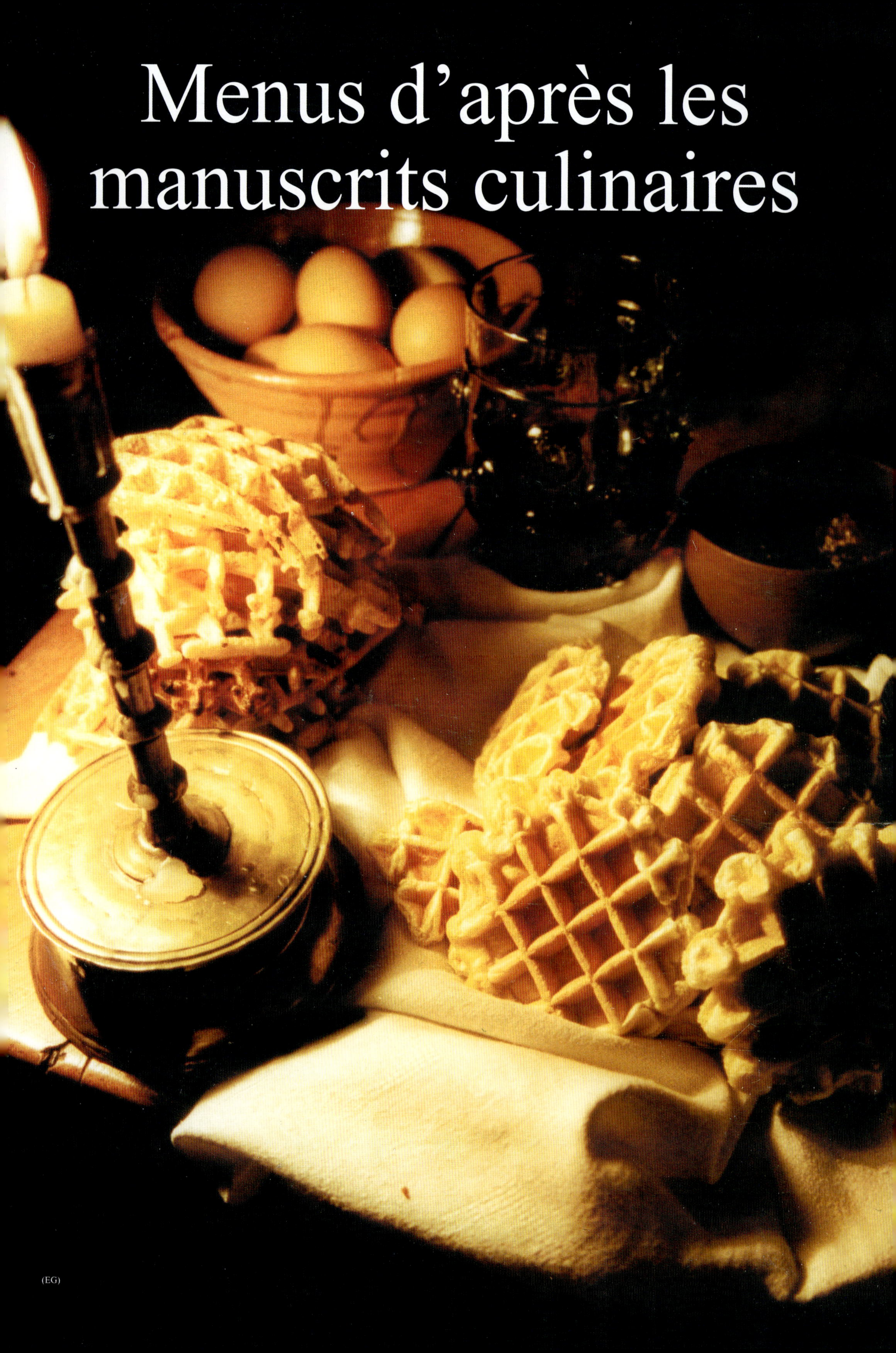

Menus selon le *Liber de coquina*

Plusieurs menus sont établis d'après les manuscrits culinaires médiévaux : deux s'inspirent des recettes du *Liber de Coquina*, trois du *Viandier*, trois du *Mesnagier de Paris*, deux du *Form of Cury*, enfin le dernier s'inspire de celles du *Fait de cuisine de Maître Chiquart*. Ces menus comportent moins de plats qu'au Moyen Âge et ils sont adaptés à nos goûts actuels.

Menu N°1

Ypocras et *tostées cum caseo de Bria*
Hypocras et toasts au fromage de Brie

Première assiette
De foliis minutis
Quenelles d'herbes
Feniculum ad usum campanie
Fenouil à la mode de Campanie

Deuxième assiette
Limonia
Poulet au citron

Troisième assiette
Cicera fracta
Galettes de pois chiches

Quatrième assiette
Crispis
Crêpes au safran et au miel
Dactylus, amigdalum, prunum
Dattes, amandes, pruneaux
Vinum saluiatu
Vin de sauge

Commentaires

Ce menu présente un des deux mets phares du *Liber de Coquina* : le *limonia*, le poulet au citron. L'autre mets : la *mamonia*, le mouton au miel, figure dans le menu suivant. Ces deux plats resteront inédits car ils ne seront pas repris dans les autres manuscrits culinaires, les maîtres queux français et anglais étant encore assez réservés quant à l'emploi du miel, des dattes et des raisins secs dans leur cuisine.

Avant de passer à table, servez en apéritif l'hypocras avec des *tostées cum caseo de Bria*, toasts au fromage de Brie. Ce fromage, bien que n'étant pas d'origine italienne, est le seul cité dans le *Liber de Coquina*. Le brie est un fromage à pâte molle et à croûte fleurie. Il provient des environs de Paris et est vendu dans les rues de la capitale. En raison des nombreux échanges commerciaux entre la France et l'Italie, sa renommée et son commerce dépassent déjà au Moyen Âge les limites de la France.

De foliis minutis sont des quenelles d'herbes et de poisson. Parmi les herbes, le fenouil et l'aneth sont choisis par le maître queux en raison de leur goût anisé assez particulier, fort prisé au Moyen Âge. L'aneth s'appelle d'ailleurs dans certaines régions « le fenouil bâtard ». Il a des vertus médicinales antispasmodiques et stomachiques professées par les médecins de l'*École de Salerne* : « *L'aneth qu'avec l'anis il ne faut pas confondre, / Dissipe les Vents, les Tumeurs / Même il a la vertu de fondre / D'un ventre gros et dur les mauvaises humeurs* ». La marjolaine et le romarin sont des plantes aromatiques typiquement méditerranéennes. Il existe deux sortes de marjolaine : la marjolaine officinale et la marjolaine origan, la seconde ayant un goût plus prononcé que la première. La marjolaine officinale s'accorde bien avec le romarin lorsqu'on la cultive, il en est de même dans la cuisine. Si vous n'avez pas d'herbes fraîches, utilisez les feuilles ou les graines séchées vendues dans le commerce.

Feniculum ad usum campanie : le fenouil à la mode de Campanie. Cette recette de fenouil est fort originale et révélatrice d'une cuisine naturelle qui redonne aux aliments leur saveur initiale. Le fenouil est choisi comme légume en raison de son goût anisé en rapport avec celui des quenelles.

Le *limonia* peut se traduire par l'expression « poulet au miel ». Ce mets atteste l'influence de l'Orient sur la cuisine italienne. Le citron est un agrume des pays ensoleillés qui, peu à peu, s'imposera dans la cuisine de tous les pays et régnera en maître à la Renaissance sous le règne de la reine Catherine de Médicis, d'origine italienne.

Cicera fracta : galettes de pois chiches. Les plats à base de pois chiches sont mentionnés dans le *Tractatus* et le *Liber de Coquina*. Les plats de pois chiches, réservés aux classes populaires, ne se relèvent pas dans le *Viandier* et dans le *Mesnagier*, ouvrages destinés à la classe aristocratique pour le premier, à la classe bourgeoise pour le second. Toutefois, les recettes de pois chiches sont présentes dans l'ouvrage anglais le *Form of Cury* qui, bien qu'écrit par les maîtres queux de Richard II, s'adresse aussi bien aux classes aisées qu'aux classes défavorisées. La purée de pois chiches se retrouve depuis l'Antiquité dans tous les pays orientaux. Les légumes secs tiennent une place primordiale dans l'alimentation au Moyen Âge : fèves, lentilles, pois chiches sont parmi les plus consommés. Le mot « pois chiche » vient du latin « *cicer* » et la légende raconte que Cicéron fut appelé ainsi car il avait sur le front une excroissance en forme de pois chiche !

En dessert, vous pouvez servir des crêpes : *Crispis*. Colorez-les avec du safran car l'homme médiéval privilégie dans les mets autant la couleur que la saveur. Vous pouvez également les napper de miel.

Cicera fracta - Galettes de pois chiches

« *Accipe cicera fracta et pone ad decoquendum cum oleo, pipere et safrano et cum caseo detruncato et ouis perditis et ouis debatutis ; uel aliter, cum ciceris fractis et perbullitis et, aqua bullitionis eiecta, ponatur cepa frissa et bene confecta cum lardo uel oleo sicut dies exigit.* / Prenez des pois chiches secs brisés et faites-les cuire dans l'huile avec du poivre, du safran, du fromage émincé et des œufs battus. Autrement, faites bouillir la farine de pois chiches, jetez l'eau d'ébullition, mettez-la dans une casserole avec des oignons frits et du bon lard ou une bonne huile selon le moment ».

Utilisez des pois chiches déjà cuits. Passez-les au broyeur. Rapez le parmesan. Mélangez la purée avec le safran, le poivre, le sel. Ajoutez le fromage émincé et les œufs battus. Dans une poêle, faites chauffer le lard finement tranché et faites suer les oignons. Incorporez-les à l'appareil précédent. Mettez quelques cuillerées à soupe d'huile dans la poêle. Laissez chauffer. Façonnez des galettes avec l'appareil. Disposez-les dans la poêle et faites cuire quelques instants. Lorsque la face de la galette est cuite, retournez-la. Égouttez-la sur du papier absorbant.

Pour 6 personnes
850 g de pois chiches
2 oignons
2 doses de safran
50 g de parmesan
2 œufs
1 bonne pincée de poivre
50 g de lard
sel
2 cuillerées à soupe d'huile pour la friture

Cicera fracta.

Crispis.

<u>*Crispis*</u> - Crêpes au safran et au miel

« *Crispellas sic fac : habeas farinam albam distemperatam cum ouis, addito safrano. Et pone ad coquendum in lardo tantum ; et quando decocte fuerint, pone desuper zucaram uel mel. Et comede.* / On fait ainsi les crêpes : il faut de la farine blanche détrempée avec des œufs et on ajoute du safran. Faites-les cuire ensuite dans un peu de lard et saupoudrez-les de sucre ».

Mettez la farine tamisée dans un saladier. Faites un puits et cassez les œufs. Ajoutez la pincée de sel et un peu de lait. Travaillez la pâte avec une cuillère en bois. Versez peu à peu le lait et l'huile. Travaillez jusqu'à ce que la pâte fasse un ruban. Dans deux saladiers, mettez une moitié de pâte. Ajoutez le safran dans un des deux saladiers et mélangez. Laissez reposer. Frottez la poêle avec un tampon imbibé d'huile ou avec un bout de lard. Faites chauffer et versez un peu de pâte. Retournez la crêpe lorsqu'elle est dorée et faites cuire l'autre côté. Saupoudrez de sucre celle qui est au safran, nappez de miel la crêpe nature.

Pour 18 crêpes
250 g de farine
50 cl de lait
3 ou 4 œufs selon la grosseur
2 cuillerées à soupe d'huile
1 pincée de sel
1 dose de safran
sucre
miel

Menu N°2

Tostées a gorgonzola
Toasts au gorgonzola

<u>Première assiette</u>
Fabis nouellis
Fèves nouvelles

<u>Deuxième assiette</u>
Scapeta piscium
Brouet de poisson

<u>Troisième assiette</u>
Mamonia
Mouton au miel

<u>Quatrième assiette</u>
Caulles albos et feniculi
Chou blanc et fenouil

<u>Cinquième assiette</u>
Fristellis
Beignets aux fleurs
Noix, noisylles
Noix, noisettes

Commentaires

Ce menu reprend un grand classique de la cuisine médiévale italienne : la *mamonia*, le mouton au miel.

En entrée, vous pouvez offrir des tranches de pain grillé nappées de gorgonzola. Ce fromage, originaire du Nord de l'Italie, est connu depuis le IXe siècle. Il s'agit d'un fromage persillé à pâte molle et crue dont le goût assez doux sera relevé par la muscade. Proposez comme vin l'hypocras qui s'accordera très bien avec la saveur du gorgonzola.

La recette des *fabis nouellis*, les fèves nouvelles, ne peut se réaliser qu'à la saison des fèves. Par contre, vous pouvez remplacer les fèves par des pois frais ou à défaut des pois congelés que vous pouvez trouver toute l'année. Les légumineuses sont au Moyen Âge largement consommées. Les fèves et les pois sont appréciés. Prévoyez un long moment pour préparer le plat de fèves car le fait d'enlever la peau dure qui enveloppe la graine est une tâche longue. Cette opération s'appelle « dérober » c'est-à-dire « ôter la robe ». Au Moyen Âge, la robe a le sens de « vêtement » et plus particulièrement du vêtement qui a été pris comme butin en temps de guerre. Notons que 2 kg de fèves fraîches donnent environ 500 g de fèves écossées et dérobées.

Le *scapeta piscium* : le brouet de poisson porte lui aussi la marque de la cuisine orientale. Ce mets, réalisé avec des filets de poisson et une sauce aux fruits secs, allie le sucré et le salé, le froid et le chaud. La couleur brune de la sauce rehausse le blanc du poisson. L'auteur du *Liber de Coquina* fait référence dans la recette à un même plat réalisé avec de la viande qu'il appelle *brouet sarrasin*. Il s'agit d'un mets qui sera repris dans le *Viandier* et dans le *Mesnagier*. L'appellation de ce plat mérite une explication : au Moyen Âge, les Occidentaux désignent les peuples musulmans par le terme générique « Sarrasin ». Les Croisés sont enthousiasmés par leur façon de vivre et par leurs richesses lorsqu'ils débarquent sur les rivages de la Terre Sainte. Ils en ramèneront le goût des épices orientales, des fruits secs, des soieries… Le brouet de poisson, comme le brouet de viande, est un véritable régal.

La *mamonia* s'inspire directement d'une préparation arabe la *ma'mûniya* dans laquelle la viande est cuisinée avec du miel. Le miel est au Moyen Âge largement consommé, le sucre étant un ingrédient onéreux et encore rare. Les paysans trouvent le miel en abondance dans la nature. Rappelons l'épisode du *Roman de Renart* dans lequel l'ours Brun, sur les conseils du goupil facétieux, va mettre son museau dans un tronc d'arbre fendu. La suite est facile à imaginer. L'animal rouquin enlève les coins qui maintiennent la fente et l'arbre se referme sur le museau du gourmand. Les paysans alertés ne manquent pas d'arriver et de rouer de coups le malheureux, sous le regard diabolique du renard.

Caulles albos et feniculi sont des choux blancs cuisinés avec du fenouil. Tous les documents médiévaux confirment la place exceptionnelle que tient le chou dans l'alimentation. Le chou le plus caractéristique de cette époque est représenté dans une des illustrations du *Tacuinum Sanitatis* de Rouen. Cet ouvrage médical, basé sur des textes traduits de l'arabe en latin, est enrichi de miniatures qui apportent de sérieux renseignements sur les plantes : le chou du Moyen Âge le plus courant a de très grandes feuilles et atteint presque la moitié de la taille de la paysanne qui le ramasse. Les recettes sur le chou sont au nombre de dix dans le *Liber de Coquina*. Dans l'une d'elles, l'auteur recommande de placer le chou dans de l'eau froide dès qu'il est cuit pour garder sa couleur. Il a fallu bien des années pour que nous redécouvrions cette façon de faire !

Les *firstellis* ou beignets de fleurs terminent ce repas. Dégustez-les avec l'hypocras. Au Moyen Âge, les fleurs sont utilisées dans l'alimentation comme les légumes : fleurs de bourrache, de sureau, roses, violettes, capucines… Les beignets de fleurs sont des desserts originaux et délicieux. Les fleurs de sureau sont petites et blanches, disposées en ombelles. Elles ont une senteur particulière, presque entêtante. Les beignets sont très parfumés et eux aussi ont un goût assez tenace. Les fleurs se détachent très facilement des tiges. Préférez si vous voulez les fleurs de sureau séchées que vous trouvez facilement en pharmacie ou chez les herboristes.

Tostées a gorgonzola - Toasts au gorgonzola

Faites griller les tranches de pain. Mélangez le gorgonzola, la crème, le poivre blanc, salez, ajoutez la pincée de noix de muscade râpée. Mettez cet appareil à feu doux et faites-le réduire de moitié. Vous obtenez une fondue de gorgonzola que vous étendez sur les tranches de pain. Parsemez de pignons de pin. Passez au four et laissez gratiner quelques instants.

Pour 6 personnes
6 tranches de pain de campagne
120 g de gorgonzola
10 cl de crème
1 pincée de noix de muscade

Le chou. Platearius, Le livre des simples médecines, vers 1480. (Paris, BNF, Ms.fr. 12322, fol. 171)

Tostées a gorgonzola.

sel, poivre blanc
1 poignée de pignons de pin

Fabis nouellis - Fèves nouvelles

« *Fabas nouellis : fabas nouellas fac bulliri et post, aquaeiecta, pone ad coquendum cum lacte pecorino uel amigdalarum. Et ponas desuper oua batuta. Et in scutellis, potes ponere carnes salsas minutissime incisas uel lardellos, si uoleris.* / Faites-les bouillir, jetez l'eau et faites-les cuire avec du lait de petit bétail ou du lait d'amandes. Mettez au-dessus des œufs battus. Dans une petite coupe, placez de la viande salée minutieusement émincée ou du lard comme vous voulez ».

Écossez les fèves, dérobez-les si nécessaire. Faites blanchir les fèves dans de l'eau bouillante, 10 à 15 minutes, selon leur tendreté. Égouttez-les. Mettez-les dans une casserole avec le lait froid et portez à ébullition. Diminuez le feu et laissez cuire quelques instants. Égouttez-les. Préchauffez le four. Battez les œufs. Dans un plat allant au four, versez les fèves et les œufs battus. Salez modérément. Enfournez pendant 30 minutes. Pendant ce temps, coupez la poitrine en morceaux fins et faites-les revenir dans une poêle. Présentez l'omelette de fèves avec les morceaux de poitrine tout autour. Arrosez avec le jus de la poitrine.

Pour 4 personnes
300 g de fèves écossées
25 cl de lait de vache
4 œufs
sel
75 g de poitrine nature

Scapeta piscium - Brouet de poisson

« *De scapeta piscium : ad scabetiam, recipe piscem bene lotum, sicut decet, et cum oleo habundanti frige. Postmodum infrigidatur. Deinde, cepas incisas per transuersum frige in oleo remanenti. Postea, habeasuuas siccas, zenula et pruna, et frige cum cepis predictis simul, et oleumsuperfluum tollatur. Accipe ettiam electas species et safranum : tere benesimul cum amigdalis mondatis et distempera cum uino et aceto moderato posito, ne sit nimis acrum. Tunc misce simul cum aliis. Et loco amigdalarum, potes ponere micam panis in uino madefactam et postea trittam. Postea, pone super ignem quousque bulliat et statim depone. Et cum piscis in cissorio concauo ordinatus fuerit, saporem predictam sparge desuper. Quod si uolueris ipsum acrum dulce facere, ponas mustum coctum uel zucaram competenter. Si cum eisdem addideris amigdalas mondatas integras, uuas grecas passas, dactilos, et similia frissa cum predictis cepis, uocabitur brodium sarracenicum. Potes etiam ponere poma et pira.* / Pour le brouet de poisson, prenez un poisson bien lavé, comme il se doit, et faites-le frire dans une grande quantité d'huile. Ensuite laissez-le refroidir. Faites revenir des oignons émincés dans l'huile qui reste. Puis prenez des raisins secs et des prunes, faites-les frire avec les oignons déjà cités

Fabis nouellis.

Scapeta piscium.

et enlevez l'huile en trop. Ajoutez également des épices et du safran, remuez bien avec des amandes mondées et détrempées dans du vin et un peu de vinaigre, il ne faut pas que ce soit trop âcre. Mélangez. À la place des amandes, vous pouvez prendre de la mie de pain émiettée trempée dans du vin. Mettez sur le feu jusqu'à ce que l'ensemble bouille et retirez aussitôt. Quand le poisson aura été placé dans un plat creux, versez la sauce au-dessus. Si vous la voulez aigre-douce, prenez en quantité suffisante du moût ou du sucre. Vous pouvez ajouter des amandes mondées entières, des raisins grecs secs, des dattes et des choses similaires avec les oignons précités, on appellera ce plat « brouet sarrasin ». Vous pouvez aussi y mettre des pommes et des poires ».

Faites frire les filets de poisson dans une poêle. Salez-les. Réservez-les en les mettant sur un papier absorbant. Émincez les oignons. Faites-les suer dans l'huile de friture des poissons. Réservez cette huile. Choisissez des pruneaux très moelleux. Coupez-les en petits morceaux. Faites frire les raisins et les pruneaux dans la même huile. Faites tremper la mie de pain dans 10 cl de vin. Dans une casserole, versez le reste de vin, la mie de pain imbibée ou la poudre d'amandes, les oignons, les pruneaux et les raisins. Ajoutez le vinaigre et les épices délayées dans le vinaigre. Mélangez bien le tout. Faites bouillir et cuire quelques minutes en remuant contamment. Servez le poisson froid entouré d'un cordon de sauce chaude.

Pour 4 personnes
4 filets de poisson
4 cuillerées à soupe d'huile
2 oignons
45 g de raisins secs
125 g de pruneaux dénoyautés
1 pincée de safran
1/2 cuillerée à café de gingembre
1 cuillerée à soupe d'amandes en poudre ou 25 g de mie de pain émiettée
25 cl de vin blanc sec
2 cuillerées à soupe de vinaigre de vin blanc
sel, poivre

Mamonia - Mouton au miel

« *Ad mammoniam, recipe carnes castratinas bene lixas. Et remotis ossibus, tere et pone ad coquendum cum lacte amigdalarum et speciebus et melle et riso integro. Sit bene spissum ad modum risi. Et colora sicut uis.* / Pour faire la mamonia, mettez la viande d'un animal castré dans de l'eau chaude. Enlevez l'os, broyez la viande et mettez-la à cuire avec du lait d'amandes, des épices et du miel. Il faut que le mélange soit épais, colorez-le, si vous voulez, avec des jaunes d'œufs ».

Mamonia.

Préparez le lait d'amandes selon la recette donnée dans le premier chapitre de cet ouvrage. Désossez l'épaule, enlevez la peau et le gras, coupez-la en morceaux. Mettez-les dans une cocotte, faites-les revenir dans l'huile chaude. Ajoutez le lait d'amandes et les épices. Salez. Faites cuire à l'étouffée pendant 2 heures. 10 minutes avant la fin de la cuisson, ajoutez le miel et remuez la sauce. Elle doit être assez épaisse. Vous pouvez, hors du feu, incorporer à la sauce le jaune d'œuf battu.

Pour 4 personnes
1 kg d'épaule de mouton
3 cuillerées à soupe d'huile
25 cl de lait d'amandes
1 cuillerée à café de gingembre
1/2 cuillerée à café de cannelle
100 g de miel liquide
1 jaune d'œuf battu
sel

<u>Caulles albos et feniculi</u> - Chou blanc et fenouil

« *Si uis caulles albos bene parare, monda tursones eorum, ita quod de frondibus nihil remaneat ; et dum olla cum aqua super ignem bullierit, pone intus tursones siue albedinem caullium scilicet cum aqua predicta, et apposita ibi albedine feniculi, fac tantum bullire, quod sint spissi. Et loco olei, addere poteris brodium carnium quarumcumque.* / Si vous voulez préparer des choux blancs, broyez les côtes de manière qu'il ne reste rien de dur et mettez le tout dans une marmite sur le feu avec de l'eau bouillante, placez au milieu un blanc d'œuf de façon à récupérer les impuretés. Ajoutez du fenouil blanc, faites bouillir jusqu'à ce que tout soit tendre et assez épais. À la place de l'huile, ajoutez n'importe quel bouillon de viande ».

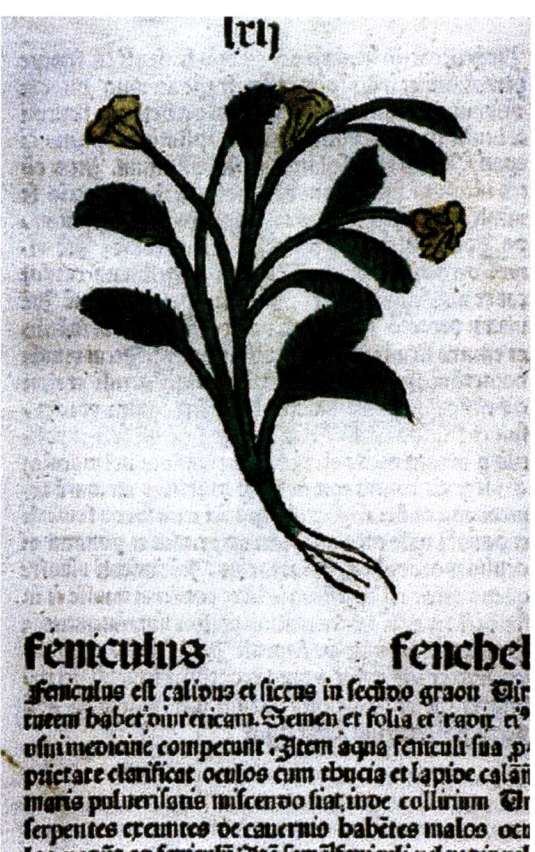

1. *Choux* **(Caules Onati)** *d'après le* **Tacuinum Sanitatis.** *(Bibliothèque municipale de Rouen.)*
2. *Fenouil* **(Feniculus),** *herbier latin datant de 1485, incunable. (Rés. Inc. 960, f. 65, Bibliothèque municipale de Lyon.)*
3. *Récolte des choux d'après une autre édition du* **Tacuinum Sanitatis.** *(Paris, BNF, ms. lat. 9333, fol. 20.)*

Caulles albos et feniculi.

Lavez le chou. Coupez-le en petits morceaux. Faites-le blanchir dans de l'eau bouillante. Changez l'eau. Portez de nouveau à ébullition, ajoutez les fenouils, la feuille de laurier. Lorsque les légumes commencent à devenir tendres, ôtez-les de l'eau. Faites chauffer le bouillon de viande, mettez les légumes et les épices. Salez. Faites doucement mijoter à découvert.

Pour 4 personnes
750 g de chou blanc
2 petits fenouils
1 pincée de muscade
1 pincée de cumin
1 feuille de laurier
1/2 cuillerée à café de graines de fenouil
50 cl de bouillon de viande
sel, poivre

<u>*Fristellis*</u> - Beignets de fleurs de sureau et de pétales de roses

« *De fristellis : pro fristellis faciendis, recipe farinam distemperatam cum albumine ouorum ; et pone flores sambuci uel alios flores quoscumque uolueris. Pone ad coquendum in lardo cum cocleari diuisim.*/ Les beignets. Prenez de la farine détrempée avec des blancs d'œufs. Prenez des fleurs de sureau ou celles que vous désirez. Mettez à cuire avec du lard et mettez-en la valeur d'une cuillère ».

La recette est identique pour les fleurs de sureau et pour les pétales de roses, toutefois l'eau de rose n'est utilisée que dans la recette des beignets de roses. En ce qui concerne les fleurs de sureau, lavez-les, égouttez-les. Prenez-en une pincée, enrobez-les de pâte à frire, faites-en une petite boule que vous trempez dans la friture.

Pour les roses, choisissez des fleurs qui n'ont pas été traitées. Lavez soigneusement les pétales de roses. Égouttez-les. Enlevez le petit triangle brun à la base des pétales. Faites-les infuser dans de l'eau de rose (consommable, achetée dans des magasins spécialisés ou dans certaines pharmacies). Laissez une demi-heure. Coupez le beurre en petits morceaux. Faites bouillir le lait. Ajoutez le beurre et le sel. Versez la farine en une fois. Travaillez hors du feu jusqu'à ce que la pâte soit lisse. Séparez les blancs des jaunes. Montez les blancs en neige ferme. Incorporez les jaunes dans la pâte 1 à 1. Travaillez avec une cuillère en bois. Incorporez les blancs. La pâte doit avoir l'aspect d'une crème. Ajoutez l'eau de rose. Laissez reposer 1/2 heure. Prenez une cuillerée de pâte, enrobez deux ou trois pétales de rose et jetez l'ensemble dans l'huile de friture bouillante et non fumante. Le beignet gonfle. Égouttez-le bien sur du papier absorbant. Saupoudrez-le de sucre. Dégustez les beignets tièdes.

Pour 24 beignets
50 cl de lait
3 cuillerées à soupe de sucre
100 g de beurre
250 g de farine
4 œufs
1 pincée de sel
2 cuillerées d'eau de rose + 2 autres pour l'infusion concernant les pétales de roses
pétales de roses (4 roses) ou 2 à 3 rameaux de fleurs de sureau
huile de friture

Sureau (Sambucus), Herbier latin datant de 1485, incunable.
(Rés Inc 960, f. 138, Bibliothèque Municipale Lyon.)

Fristellis.

Menus selon le *Viandier*

Marchande de poirée et d'épinards, Cris de Paris, bois gravé, vers 1500.
(Paris, BNF, Arsenal.)

Menu N° 1

Premier metz
Talemoses
Talemouses
Poirée au lart
Purée de blettes au lard

Second metz
Chappon, dodine de vert jus
Poulet, dodine de verjus

Tiers metz
Ris engoulé
Riz engoulé

Quart metz
Jonchées
Fromage frais
Amandes, noix
Amandes, noix
Tartres de pomes
Tarte aux pommes
Cresme fricte
Crème frite

Commentaires

Ce menu propose une des deux sauces emblématiques du Moyen Âge : la *dodine*. L'autre sauce, la *cameline*, figure dans un menu suivant.

Le menu commence avec les *talemoses* devenues par la suite « talemouses » qui sont des entremets réalisés avec du fromage. L'étymologie du mot *talemose* est incertaine : ce terme appartient sans doute à la même famille que « talemelier », le boulanger. Le suffixe « *mose* » semblerait indiquer la forme du mets qui devait ressembler à un museau. Le fromage choisi est le parmesan fort apprécié à l'époque ; il tient son nom de la région d'Émilie-Romagne au centre de laquelle se situe la ville de Parme. On peut dater sa fabrication vers la fin du Xe siècle. Buvez, avec les talemouses, l'hypocras dont le goût épicé se mariera bien avec le parfum du parmesan.

La *Poirée au lart* est une purée de bettes ou blettes. Le terme *poirée* désigne les bettes. La bette doit son nom à la deuxième lettre de l'alphabet grec, la tige de la plante ayant la forme inclinée de la lettre. Charlemagne, dans le *Capitulaire de Villis*, en reconnaissait la culture comme étant nécessaire dans les fermes du royaume. La marchande de poirée et d'épinards est une figure connue au Moyen Âge, il s'agit d'une marchande ambulante qui propose aux chalands ses légumes dans les rues de Paris.

Taillevent est le seul des maîtres queux de son époque à donner la recette de la *dodine*, sauce si connue que les cuisiniers ne jugeaient pas nécessaire de la consigner par écrit. La *dodine* est réalisée avec du verjus, des jaunes d'œufs et des foies de volaille. Elle est représentative de la façon de faire les sauces au Moyen Âge : pas ou peu de gras, des jaunes d'œufs cuits et des foies de volaille comme agents de liaison. La saveur aigre, si appréciée à l'époque, est donnée par le verjus, le jus du raisin vert. Remplacez-le aujourd'hui par du vinaigre de vin additionné d'un jus de citron. La dodine accompagne un poulet rôti ou un canard selon vos goûts.

Le *ris engoulé* est un classique du Moyen Âge. L'appellation vient peut-être du fait que le riz coule bien dans la gueule. Le terme « gueule » au Moyen Âge n'a pas la connotation que nous lui donnons aujourd'hui, il s'applique tout simplement au gosier, à la gorge, au cou. Puis il prend le sens de « bouche » dès le XIe siècle. Le riz coule bien dans la gueule tant il est délectable ! Le riz est déjà connu au Moyen Âge ; il s'agit d'un riz d'importation du Moyen-Orient et de l'Orient. Quelques rares rizières existent cependant en Europe mais il faudra attendre le XVIe siècle pour qu'il y ait des essais de culture en France. La recette du *Ris engoulé*, telle qu'elle est écrite dans le *Viandier*, est surprenante car le riz est d'abord cuit dans du lait avant d'être mis à mijoter dans un bouillon de viande. Toutefois, en tenant compte de nos goûts actuels, il est préférable de faire cuire le riz dans de l'eau puis dans un bouillon de viande. Dans la formule proposée, le safran ne sera pas utilisé, le parfum du persil et des oignons étant davantage en accord avec le poulet à la dodine.

De nombreux menus chez Taillevent comportent la *jonchée* : il s'agit d'un fromage frais égoutté sur un panier garni de joncs.

La tarte aux pommes, *Tartre de pome*, est étonnante car elle associe les oignons aux pommes, aux raisins secs et aux figues séchées. Elle témoigne du goût du Moyen Âge pour l'alliance des saveurs. Préférez l'oignon blanc à l'oignon roux car il est plus sucré. Notons que Taillevent fait revenir indifféremment les oignons dans le beurre ou l'huile. Le beurre est encore assez peu employé, souvent remplacé par l'huile ou le lard.

La crème frite, *Cresme fricte*, est un dessert qui est toujours à la mode aujourd'hui mais fort différent du dessert médiéval dans lequel la mie de pain et les *oublies* remplacent la farine que nous utilisons actuellement dans la recette. La recette des *oublies* ou gaufres est présentée dans un des menus établis à partir du *Mesnagier de Paris*. Le vin à la sauge est un excellent vin pour accompagner ces desserts.

Talemoses - Talemouses

« *Talemose faicte de fin fromage par morceaulx carrés menus comme fèves, soit destrampé oeufz largement et meslé tout ensemble et la croute destrampée d'oeufz et de beurre./* Les talemouses sont faites avec du fromage fin coupé en carrés de la taille d'une fève, avec des œufs. Vous mélangez le tout, la croûte est faite de beurre et d'œufs ».

Coupez le parmesan en dés. Mettez dans une casserole l'eau, le beurre et le sel. Faites bouillir en remuant. Retirez du feu et ajoutez la farine. Mélangez bien. Remettez sur le feu en remuant l'appareil avec une cuillère en bois de façon qu'il se dessèche et ne colle plus aux parois de la casserole. Hors du feu, cassez un œuf et incorporez-le à la pâte en tournant vigoureusement avec la cuillère en bois jusqu'à ce que le mélange soit lisse. Ajoutez le 2ème et procédez comme précédemment. Incorporez la moitié du fromage. Foncez des moules à tartelettes d'une abaisse de pâte brisée d'un diamètre supérieur aux moules. Garnissez-les avec une noix de l'appareil précédent, parsemez le dessus de petits morceaux de parmesan. Repliez les bords en forme de corne ou de museau allongé. Dorez au jaune d'œuf. Faites cuire au four de 15 à 20 minutes, à 200°, en surveillant. Les talemouses se dégustent chaudes ou tièdes.

Pour 8 talemouses
1 pâte brisée
20 cl d'eau
50 g de beurre
1 pincée de sel
70 g de farine
75 g de parmesan
2 gros œufs + 1 jaune pour dorer

Poirée au lart.

Poirée au lart - Purée de bettes au lard

« *Pour faire poirée, soit bourboulye en eaue boulant et puis la mettés sur un ays et hachés menu et purés fort entre voz mains et puis broyés au mortier et après l'assemblés en bouillon de beuf ou d'aultre chair ou en deffault du dit bouyllon soit fendu lart et frit que lescches et assemblés avec le sain de lart avec de l'eaue chaude./* Pour faire une poirée, il faut faire bouillir les bettes dans de l'eau bouillante. Mettez-les sur une planchette et pressez-les dans vos mains. Broyez-les au mortier et disposez-les dans un bouillon de bœuf ou d'autre viande. À défaut de ce bouillon, prenez du lard en tranches et mettez-le dans du saindoux avec de l'eau chaude ».

Préparez les bettes : enlevez les feuilles, ne gardez que les côtes. Coupez-les en tronçons de façon à enlever la fine pellicule blanche qui les recouvre. Faites cuire dans de l'eau bouillante salée pendant 20 minutes. Égouttez-les. Broyez-les au mixeur. Mettez-les dans un bouillon chaud. Laissez mijoter un bon moment à découvert afin que le liquide s'évapore peu à peu. Salez modérément. Pendant ce temps, faites revenir la poitrine salée coupée en morceaux. Présentez la poirée avec la poitrine tout autour. Arrosez-la du jus de la poitrine.

Pour 4 personnes
1 kg de bettes
50 cl de bouillon de bœuf
100 g de poitrine salée
sel

Chappon dodine de vert jus - Poulet, sauce dodine

« *Mettés le verjus dessoubz le rost en ne paelle de fer, et puis prenés moyeux d'œufs durs et demy douzaine de foyes de poulaille et que les foyes soient un peu rotis sur le gril et les passés à l'étamine avecques le vert jus tout pur et y mettés un peu de gingembre et du percil effueillé dedens, et tout boully ensemble et mettés sur le rost et des tostées de pain hallées dessouz le rost./* Mettez le verjus sous le rôti dans une poêle de fer, prenez des jaunes d'œufs durs et six foies de volaille et dès que les foies sont un peu rôtis sur le gril, passez-les à l'étamine avec le verjus, ajoutez du gingembre et du persil effeuillé. Faites bouillir le tout, mettez cette sauce sur le rôti et sur les tranches de pain grillées ».

Talemoses.

Faites rôtir votre volaille à la broche. Recueillez le jus dans la lèchefrite et ajoutez le vinaigre. Faites cuire les œufs dans de l'eau. Lorsqu'ils sont cuits, réservez les jaunes. Faites revenir les foies de volaille dans du beurre chaud en prenant soin qu'ils restent rosés à l'intérieur. Broyez les jaunes d'œufs et les foies. Délayez ce mélange avec le jus de citron, salez, ajoutez le gingembre. Si la pâte est trop épaisse, allongez-la avec le jus de rôti et le vinaigre. Ajoutez le persil haché. Mélangez bien. Faites griller les tranches de pain. Tartinez chaque tranche avec l'appareil : œufs, foies, persil. Disposez-les autour du plat de service. Découpez la volaille, arrangez les morceaux au centre du plat et arrosez avec le reste de la sauce. Vous pouvez décorer avec les blancs d'œufs coupés en lamelles et du persil frais.

Pour 6 personnes
1 poulet
3 jaunes d'œufs durs
50 g de beurre
6 foies de volaille
2 cuillerées à soupe de vinaigre de vin rouge
1 jus de citron
1/2 cuillerée à café de gingembre
1 cuillerée à soupe de persil haché
2 tranches de pain de mie par convive
sel

Chappon dodine de vert jus. (Ci-dessous et ci-contre en haut).

Ris engoulé - Riz engoulé

« *Ris engoulé a jour de mengier chair. Eslisiez le ris et le lavez très bien en eaue chaude, et le mettez essuyer contre le feu, puis le mettez cuire en lait de vache fremiant, puis broyez du saffren pour le roussir ; et qu'il soit deffait de vostre lait, et puis mettez dedans du gras boullon du pot./ Riz engoulé pour jour gras.* Triez le riz et lavez-le bien dans de l'eau chaude et faites-le sécher sur le feu. Faites-le cuire dans du lait de vache frémissant et broyez du safran pour le roussir. Attendez qu'il soit bien cuit dans le lait et ajoutez-y du bon bouillon de viande ».

Faites bouillir le riz dans une grande quantité d'eau bouillante salée. Mettez ensuite le riz égoutté dans un peu d'huile de façon à le sécher. Versez le bouillon de bœuf. Salez, poivrez. Faites cuire à feu doux et à couvert jusqu'à complète absorption. Pendant ce temps, faites dorer l'oignon dans un peu d'huile. Il faut qu'il reste moelleux. Dès qu'il est cuit, mettez le persil finement ciselé. Ajoutez le riz, remuez. Présentez le riz décoré avec des feuilles de persil légèrement revenues que vous aurez réservées au préalable.

Le riz, **Tacuinum sanitatis.** *(Paris, BNF, Latin 9333 fol. 44.)*

Pour 4 personnes
100 g de riz
50 cl de bouillon de viande
1 oignon
1/2 bouquet de persil
2 cuillerées à soupe d'huile
sel, poivre blanc

Jonchées - Fromage frais
Proposez un fromage style faisselle, accompagné d'amandes et de cerneaux de noix.

Tartres de pomes - Tarte aux pommes
« *Despeçés par pièces et mises figues et raisins bien nettoyés et mys parmy les pommes et figues et tout meslé ensemblle et y soit mys de l'oignon frit au beurre ou a l'uyle et du vin et la part de pommes broyés et destrempés de vin et soient assemblées les autres pommes broiés mises avec le surplus et du saffran dedens un peu de menues espices, synamome et gingembre blanc, anys et pygurlac qui en aura et soient faictes deux grans abaisses de paste et toutes les mistions mises ensemble, fort broiées à la main sur le pasté bien espès de pommes et d'aultres mistions et après soit mis el couvercle dessus et bien couverte et orée de saffran, et mise au four, et fait cuyre./* Coupez les pommes en morceaux, prenez des figues et des raisins bien nettoyés. Mettez tout ensemble et ajoutez de l'oignon frit dans du beurre ou de l'huile, une partie des pommes broyées mouillées de vin, du safran et des épices, cannelle et gingembre blanc, anis. Faites deux grandes abaisses de pâte et fusionnez-les ensemble. Faites une tourte assez épaisse de pommes et du mélange, mettez le couvercle dessus et dorez-le avec du safran. Faites tout cuire au four ».

Fromages frais, Tacuinum Sanitatis. (Paris, BNF, Nal 1673 fol. 58 V.)

Tartres de pomes.

Coupez 2 pommes en lamelles et les figues en petits morceaux. Émincez l'oignon. Faites revenir doucement l'oignon dans le beurre, sans coloration. Ajoutez 5 cl de vin. Laissez mijoter à découvert en surveillant. Taillez une pomme, broyez-la. Faites-la cuire à découvert doucement dans une casserole avec le reste du vin. Colorez les oignons avec le safran, ajoutez la cannelle et le gingembre. Mélangez. Faites deux abaisses de pâte, une plus grande que l'autre. Foncez un moule beurré avec la plus grande. Faites cuire à blanc pendant 5 minutes en disposant sur le fond de la pâte des fèves sèches par exemple pour l'empêcher de gonfler. Remplissez avec la compote de pommes et l'oignon que vous avez préalablement mélangés. Ajoutez le mélange figues et raisins. Disposez les tranches de pommes au-dessus. Recouvrez avec la deuxième abaisse. Soudez les bords avec les doigts mouillés. Dorez au safran ou au jaune d'œuf. Enfournez de 30 à 40 minutes à 180° dans un four préalablement chauffé.

Pour 8 personnes
2 pâtes brisées
2 figues sèches
1 poignée de raisins secs
1 oignon blanc
20 g de beurre
3 pommes
10 cl de vin blanc
1 dose safran
1 cuillerée à café de cannelle
1 pincée de gingembre
2 doses de safran
1 jaune d'œuf pour la coloration (facultatif)

Cresme fricte - Crème frite

« *Pour faire cresme fricte prenés cresme et le mettés boulllir et puis du pain blanc esmye bien délié et le boutés dedens la cresme ou des oublies esmyes foyson et les mettés avec cresme et prenés des moyeulx d'oeuls entrejectés dedens avec le lait et la cresme et faictes boullir tout ensemble ; et mettés du sucre foison avec et goutés de sel non pas trop.* / Pour faire la crème frite, prenez de la crème et mettez-la à bouillir, puis du pain blanc bien émietté que vous mettez dans la crème ou des oublies en quantité. Prenez des jaunes d'œufs battus dans le lait, faites bouillir le tout et mettez une grande quantité de sucre et un peu de sel mais pas trop ».

Les *oublies* sont des gaufres très fines. Vous pouvez les faire vous-même ou les remplacer par des cigarettes que l'on trouve toutes faites dans le commerce. Séparez les blancs des jaunes d'œufs. Battez les jaunes dans un saladier. Ajoutez le sucre, mélangez. Émiettez la mie de pain et les gâteaux, faites-les tremper dans un peu de lait froid. Ajoutez le tout aux œufs et au sucre. Faites bouillir le lait. Versez l'appareil dans le lait et remuez. Laissez chauffer jusqu'à ce que la crème prenne consistance. Laissez refroidir.

Pour 4 personnes
35 cl de lait + 10 pour le trempage
3 jaunes d'œufs
40 g de sucre
30 g de mie de pain
30 g de biscuits secs, type cigarettes russes

Menu N° 2

<u>Et premièrement</u>
Tostées dorées et hypocras
Pain doré et hypocras

<u>Second metz</u>
Gravé de poisson
Poisson en sauce

<u>Tierz metz</u>
Pourreaulx et porée de pois
Purée de poireaux et purée de pois

<u>Quartz metz</u>
Tourtes parmeriennes
Tourtes parmeriennes
Gruyau d'orge mondé
Orge perlé

<u>Quint metz</u>
Fourme d'Ambert, amandes, noix, noysilles
Fourme d'Ambert, amandes, noix, noisettes
Pastés de poires crues
Pâté de poires au four
Chaudeau flamant
Chaudeau
Macarons
Macarons

Cresme fricte.

Commentaires

Ce menu comporte un grand classique de la cuisine médiévale : *la tourte parmerienne.*

L'apéritif, l'hypocras, est servi avec les *Tostées dorées* : les tranches de pain dorées. Le mot anglais actuel « *toast* » vient du verbe « *toster* » qui, en ancien français, signifie « griller ». Au Moyen Âge, la coutume est de tremper des tranches de pain dans du vin avant de lever le verre pour boire à la santé de quelqu'un. Les tostées de Taillevent diffèrent de la recette actuelle du pain perdu qui compte le lait parmi les ingrédients.

Gravé de poisson : poisson en sauce. La façon de cuisiner le poisson chez Taillevent est pratiquement toujours la même, si ce n'est que, selon les plats, le poisson est grillé ou frit. Pour la *chaudumée*, étymologiquement « plat de poisson chaud », il est grillé, dans le cas du *gravé*, dont l'étymologie est incertaine, il est frit. Le poisson, qui a la préférence de Taillevent, est dans les deux cas le brochet. Toutefois, vous pouvez choisir tout autre poisson en fonction de la région dans laquelle vous habitez.

La purée de poireaux, *Pourreaulx*, est simple à réaliser, elle a l'avantage de ne pas dénaturer le goût du poireau, preuve qu'au Moyen Âge tous les plats ne sont pas contrefaits, déguisés et roboratifs ! Le poireau est largement consommé au Moyen Âge car il pousse naturellement, sans grande difficulté. Il est un grand classique de la cuisine médiévale. Cette purée blanche de poireaux peut être présentée avec une purée de pois cassés dont le jus est utilisé dans la recette du poisson. Les pois cassés sont des légumineuses particulièrement prisées au Moyen Âge ; en effet les pois comme les lentilles et les fèves se conservent facilement. L'alliance des deux couleurs de chacune des purées est particulièrement harmonieuse.

La tourte parmerienne est un entremets célèbre déjà présent dans le *Liber de Coquina*, ouvrage antérieur au *Viandier* ce qui s'explique par le fait que les ouvrages culinaires médiévaux sont des palimpsestes puisqu'ils se copient les uns les autres. Dans le menu proposé, la tourte parmerienne figure comme plat principal. Plusieurs tourtes seront confectionnées, avec sur chacune d'elles, des bannières flottant au-dessus des viandes. Les bords de la pâte sont façonnés comme des créneaux.

Le *Gruyau d'orge mondé* est un plat de céréales. Au Moyen Âge, les céréales : blé, millet, épeautre, orge, font partie de l'alimentation de base. Les manuels de diététique classent les aliments en fonction de leur nature chaude ou froide, humide ou sèche. Ils agissent sur celle de l'homme par leurs qualités. Aldobrandino de Siena, dans son manuel de diététique, *Le régime du corps*, publié au XIIIe siècle, consacre plusieurs paragraphes aux céréales, notamment à l'orge. « *Orges est frois et sès [...] Sachiés que li orges nourist mains que li fourmens et enfle, mais il refroide plus, et por ce, cil qui seront usé de ventosité avoir, et doleur des flans, et enflement de fourciele ne le doivent mie user ; mais cil le puent bien user ki sont caut et ki le welent mengier.*/ L'orge est froid et sec. [...] Sachez que l'orge nourrit moins que le froment et fait enfler mais il refroidit davantage et

Tourtre.

pour cela, ceux qui ont des douleurs dans les flancs et des gonflements de ventre ne doivent pas en abuser mais ceux qui le peuvent sont ceux qui ont une nature chaude ».

La fourme d'Ambert se marie à merveille avec les fruits secs que Taillevent fait figurer dans presque tous ses menus : noix, noisettes... Le terme « fourme » vient directement du mot « fromage » issu du latin populaire « *formaticus* », dérivé de « *forma* » au sens de « forme à fromage », que l'on retrouve dans le mot « fourme ». Il a éliminé le mot du latin classique « caseus » qui survit aujourd'hui en italien et en espagnol. La fourme est un des premiers fromages à pâte persillée. Elle est originaire des monts du Forez.

La poire est avec la pomme un fruit très apprécié au Moyen Âge. Elle se trouve dans la nature, il faudra attendre le XVIIe siècle pour que la poire connaisse de nombreuses variétés, parmi les plus connues : la Bon-Chrétien chère à Louis XIV. Taillevent ne cite aucune variété de poires, par contre l'auteur du *Mesnagier de Paris*, réserve quelques lignes à la poire d'angoisse : « *Quand il s'agit de poires d'angoisse, afin de leur donner une belle couleur, on doit ajouter dans le pot où elles cuisent du foin ; ensuite on*

Poires : Livre des propriétés des choses, XVe *siècle. Barthélémy l'Anglais. (Paris, BNF, Français 9140 fol. 361v.)*

les rôtit ». Cette poire a un goût si âcre qu'on la surnomme « poire d'angoisse » en référence à l'instrument de torture qui consiste à placer une tige de fer pour empêcher les mâchoires d'un homme de se refermer. Le terme « angoisse » a, jusqu'au XVIe siècle, le sens de « resserrement de la gorge ». Rappelons toutefois que l'homme médiéval aime ces saveurs. Préférez pour la recette une poire au goût plus suave.

Le *chaudeau flamant* ou chaudeau flamand peut accompagner le pâté de poires. Bien que l'étymologie indique qu'il s'agit d'un plat chaud, il vaut mieux déguster cette crème légèrement froide.

Les macarons peuvent figurer dans ce repas, leur réalisation permet d'employer les blancs d'œufs non utilisés dans le chaudeau.

Tostées dorées - Pain doré

« *Pour faire tostées dorées, prenez du pain blanc dur et le trenchiez par tostées quarrées, et les rostir ung pou sur le grail, et avoir moyeulx d'oeufz batuz, et les envelopez très bien dedans iceulx moyeulx. Et avoir de bon sain chault et les dorer dedans sur le feu tant qu'elles soient belles et bien dorées, et puis les oster de dedans la paelle, et mettez ès platz, et du sucre dessus.*/ Pour faire des toasts dorés, prenez du pain blanc dur, coupez-le en morceaux carrés, faites-les rôtir un peu sur le gril et ayez des jaunes d'œufs battus dont vous enrobez les carrés de pain. Ayez du bon saindoux chaud, faites dorer les toasts sur le feu jusqu'à ce que les tranches soient belles et bien dorées. Enlevez-les de la poêle, mettez-les dans un plat avec du sucre dessus ».

Coupez le pain en tranches fines. Battez les œufs, ajoutez la cannelle. Mettez les tranches de pain dans cet appareil, laissez-les s'imbiber. Faites attention que le pain ne s'émiette pas. Faites chauffer le beurre, disposez les tranches dans la poêle. Laissez-les durcir et dorer pendant 2 minutes. Retournez-les. Les tostées se dégustent chaudes ou tièdes. Saupoudrez-les de sucre à votre convenance.

Pour 4 personnes
400 g de pain rassis
3 œufs
100 g de sucre
100 g de beurre
1/2 cuillerée à café de cannelle

Gravé de poisson - Poisson frit en sauce

« *Pour faire gravé de poisson, de brochet, de carpe ou d'autre poisson, escallés et frisés le poisson, puis faictes haller du pain et le tremper en purée de poys, et le coulés, et y mettés de l'oignon frit assés gros et mettés bouillir tout ensemble, gingembre, canelle et menues espices, et les defaictes de vin aigre, et mettés un petit de safran pour coulourer.*/ Pour faire un gravé de poisson, de brochet, de carpe ou d'autre poisson, écaillez-le et faites-le frire. Faites griller du pain, mouillez-le avec la purée de pois, et passez à l'étamine. Ajoutez l'oignon frit coupé grossièrement, du gingembre, de la cannelle et des menues épices. Versez du vin aigre et colorez avec un peu de safran ».

Tostées dorées.

*Ci-contre : **pourreaulx**.*

Préparez les poissons. Faites-les frire. Réservez-les. Hachez les oignons. Faites griller le pain, émiettez-le et faites-le tremper dans le liquide des pois. Broyez au mixeur et passez à l'étamine. Dans une poêle, faites frire les oignons, ajoutez le liquide passé à l'étamine, la cannelle, le gingembre. Versez le vin, faites bouillir puis réduire pendant 5 minutes minimum. Salez, poivrez. Au dernier moment, ajoutez le safran pour colorer. Présentez le poisson nappé de sauce et entouré de tranches de pain grillé.

Pour 4 personnes
1 beau poisson d'1 kg ou 4 de 200 g chacun
4 cuillerées à soupe d'huile
2 tranches de pain grillé
2 petits oignons
20 cl de jus de purée de pois cassés
25 cl de vin blanc sec
1/2 cuillerée à café de cannelle
1/2 cuillerée à café de gingembre
1 dose de safran
sel, poivre

Pourreaulx - Purée de poireaux

« *Pour faire pourreaulx, prenés le blanc des pourreaulx et les maincés bien menu, et les lavés, et mettés pourboullir, et quant seront pourboulis, purés les et mettés de l'eaue froide dessus, et les espreignés entre les mains, et après les mettés sur un ays, et les hachés, puis les broyés au mortier, et, ce fait, les assemblés avec boullon de beuf, et en jour maigre, de purée de pois et beurre, en lait d'amandes qui*

(EG)

veult./ Pour faire des poireaux, prenez les blancs, émincez-les, lavez-les et faites-les bouillir. Égouttez-les et plongez-les dans l'eau froide. Essorez-les entre vos mains et laissez-les s'égoutter sur des claies. Broyez-les au mortier, placez-les dans un bouillon de bœuf. Si c'est un jour maigre, mettez-les dans une purée de pois avec du beurre et du lait d'amandes si vous voulez. »

Lavez soigneusement les blancs des poireaux. Faites-les bouillir dans une grande quantité d'eau salée. Égouttez-les et plongez-les tout de suite dans un saladier d'eau froide. Égouttez-les de nouveau, broyez-les au mixeur. Mettez-les dans un bouillon de bœuf, salez, poivrez. Aromatisez avec la muscade et laissez mijoter 15 minutes.

Pour 4 personnes
4 poireaux
20 cl de bouillon de bœuf
1/2 cuillerée à café de muscade râpée
sel, poivre blanc

Porée de pois - Purée de pois cassés

Dans une casserole, mettez l'oignon piqué du clou de girofle, les pois cassés, le thym et le romarin. Recouvrez d'une grande quantité d'eau froide. Portez à ébullition. Couvrez et laissez mijoter 1 heure 30. Écumez souvent. Dès que les pois sont cuits, égouttez-les, ôtez l'oignon et le brin de romarin. Réduisez les pois cassés en purée. Salez, poivrez, ajoutez le beurre coupé en petits morceaux.

Pour 4 personnes
250 g de pois cassés
1 oignon
40 g de beurre
1 clou de girofle
1 pincée de thym
1 brin de romarin
sel, poivre

Tourte parmerienne - Tourte parmerienne

« *Prenez chair de mouton ou de veau ou de porc et la hachiez complettement ; puis fault avoir de la poulaille, et faire boullir, et despecier par quartiers ; et fault cuire ledit grain avant qu'il soit haché, puis avoir poudre fine et l'en espicier très bien raisonnablement, et frire son grain en sain de lart, et, après, avoir de grans pastez descouvers, et qu'ilz soient plus hault dreciez de paste que autres pastez et de la grandeur de petitz platz, et faictz en manière de creneaulx, et qu'ilz soient fortz de paste affin qu'ilz puissent porter le grain ; et, qui veult, on y met du pignolet et du roisin de Corinde meslez parmy le grain, et du succre esmié par dessus, et mettre en chascun pasté III ou IV quartiers de poullaille pourfichier les bannières de France et des seigneurs qui seront en la presence, et les dorer de saffren deffait pour estre plus beaulx. Et qui ne veult pas tant despendre de poullaille, ne fault que faire des pièces plates de porc ou de mouston rosty ou boully. Et quant ilz sont remplis de leur grain, les fault dorer, par dessus le grain, d'un petit d'oeufz bastuz ensemble, moyeulx et aubuns, affin que le grain se tiengne plus ferme pour mettre les bannières dedans. Et convient avoir du fueil d'or*

Porée de pois.

ou d'argent ou du fueil d'estain pour les dorer avant les banières./ Prenez de la chair de mouton ou de veau ou de porc et hachez-la. Ayez une poule que vous faites bouillir et coupez-la en morceaux. Avant de hacher la chair, il faut faire cuire la viande, l'assaisonner avec de la poudre fine, la faire revenir dans du lard. Il vous faut plusieurs grandes pâtes, plus hautes que les pâtes habituelles et de la taille des petits plats. Façonnez le bord en forme de créneaux ; il faut que la pâte soit assez épaisse pour contenir les viandes. Vous pouvez mettre dans la farce des pignons et des raisins de Corinthe ainsi que du sucre. Disposez dans chaque pâte trois ou quatre quartiers de volaille dorés de safran de façon à y ficher les bannières des seigneurs qui sont à table. Quand les tartes sont emplies, battez l'œuf, le jaune et le blanc afin que la viande soit plus ferme pour les bannières. On peut aussi avoir des feuilles d'or, d'argent ou d'étain pour dorer avant les bannières ».

Confectionnez une pâte brisée pour quatre personnes. Choisissez un moule de 6 cm de hauteur. Beurrez le moule, foncez-le. Façonnez des créneaux dans la pâte. Renforcez les créneaux avec les morceaux de pâte que vous venez d'enlever. Montez le blanc en neige ferme et badigeonnez-en les créneaux à l'aide d'une petite cuillère. Préchauffez le four et faites cuire la pâte de 15 à 20 minutes environ. Surveillez. Enlevez-la et, à l'aide d'un pinceau, badigeonnez-la avec un jaune d'œuf battu. Pendant que la pâte cuit, fabriquez des bannières : une tige de bois à laquelle sera fixé un fanion. Laissez aller votre imagination. Faites cuire les quartiers de poulet au four. Pendant ce temps, faites revenir à la poêle, dans le lard, les dés de viande avec une cuillerée à café de poudre fine dont la recette est donnée dans l'introduction de cet ouvrage. Ajoutez les pignons ainsi que les raisins de Corinthe. La viande doit être moelleuse, si ce n'est pas le cas, finissez de la faire cuire dans un bouillon de viande. Réservez. Déposez les morceaux de poulet dans le lard, ajoutez 1 cuillerée à café de poudre fine. Laissez dorer. Au dernier moment, à l'aide d'un pinceau, badigeonnez les morceaux de poulet avec le safran ou un jaune d'œuf battu. Disposez les dés de viande ainsi que les quartiers de poulet sur l'abaisse de pâte crénellée. Plantez les bannières sur les poulets et servez chaud. Dans la réalisation de cette recette, les quartiers de poulet ont été farcis sous la peau avec la méthode utilisée pour la réalisation du poulet farci, proposé dans un des menus de cet ouvrage sous l'appellation : *Doreures et pommeaux*. Le poulet n'en est que meilleur.

Pour 4 personnes
1 pâte brisée
4 morceaux de poulet (cuisses et pilons)
25 cl de bouillon de volaille
250 g de viande coupée en dés (veau, mouton ou porc)
2 tranches de lard
2 cuillerées à café de poudre fine
3 cuillerées à soupe de pignons
3 cuillerées à soupe de raisins de Corinthe
1 blanc d'œuf
2 jaunes d'œufs
sel

Gruyau d'orge mondé - Gruau d'orge mondé

« *Pillez bien comme fourment en ung mortier, et le mettez cuire, et le purez, et le mettez boullir avec lait d'amendes et y mettez du sel et du succre ; et aucuns le broient et coullent ; et ne doibt mie estre trop lyant./* Pilez-le bien dans un mortier, mettez-le à cuire, écrasez-le puis mettez-le à bouillir dans du lait d'amandes avec du sel et du sucre. Certains le broient encore. Il ne doit pas être trop liquide ».

Préparez un lait d'amandes selon la recette donnée dans le premier chapitre de cet ouvrage (utilisez du bouillon de volaille). Râpez le parmesan. Faites chauffer l'huile dans une sauteuse, ajoutez l'orge. Faites-le revenir légèrement. Versez peu à peu le bouillon. Remuez bien. Laissez mijoter doucement jusqu'à ce que le bouillon s'évapore. Ajoutez la crème fraîche et le parmesan. Salez. Servez décoré de feuilles de persil finement ciselées.

Pour 4 personnes
150 g d'orge perlé
2 cuillerées à soupe d'huile
50 cl de lait d'amandes
10 cl de crème fluide
50 g de parmesan
sel

Gruyau d'orge.

Fourme d'Ambert, amandes, noix, noysilles - Fourme d'Ambert, amandes, noix, noisettes

Détaillez la fourme en tranches de 3 cm environ. Faites plusieurs petits cylindres à l'emporte-pièce. Enfoncez-y les fruits secs finement coupés. Réservez au réfrigérateur.

Pour 4 personnes
250 g de fourme
20 g de noix
20 g d'amandes
20 g de noisettes

Fourme d'Ambert.

Pastés de poires crues - Poires au four

« *Mises sur bout en pasté et emply le creux de sucre à trois grosses poires comme un quarteron de sucre, bien couverte et dorée d'œufs ou de saffran et mis au four./* Emplissez le cœur de trois grosses poires de sucre, couvrez-les, dorez-les d'œufs et de safran et mettez-les au four ».

Choisissez un moule rectangulaire. Enlevez la peau des poires. Ôtez le trognon à l'aide d'un emporte-pièce. Coupez les poires en morceaux. Foncez le moule de pâte brisée en recouvrant les bords. Disposez les poires à l'intérieur. Cassez les œufs, montez les blancs en neige. Dans une terrine, versez le sucre, ajoutez les œufs battus et la poudre d'amandes. Mélangez. Incorporez les blancs d'œufs. Versez cet appareil sur les poires. Recouvrez avec les bords de la pâte. Faites une petite cheminée à l'aide d'un bristol sur l'abaisse supérieure. Dorez le dessus avec du jaune d'œuf. Enfournez pendant 50 minutes à 180°. Passez un couteau à l'intérieur pour vérifier si le pâté est cuit.

Pour 4 personnes :
4 grosses poires
1 pâte brisée
30 g de sucre en poudre
3 œufs +1 pour dorer
50 g de poudre d'amandes

Pastés de poires. *(Ci-dessus et ci-dessous.)*

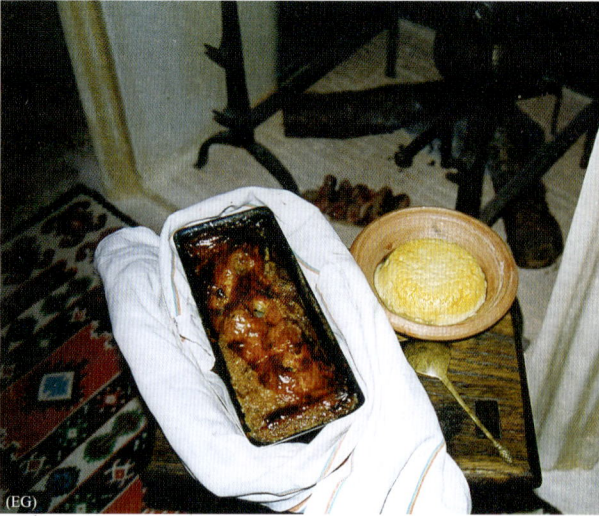

Chaudeau flamant - Chaudeau flamand

« *Mettés un peu d'eaue boulir, prenés moyeux d'oeufz, destrampés de vin blanc, boulés ensemble ; et aulcuns y mettent un peu de vertjus.*/ Mettez un peu d'eau à bouillir, prenez des jaunes d'œufs détrempés avec du vin blanc ; faites bouillir le tout. Quelques-uns y ajoutent du verjus ».

Dans un saladier, battez les jaunes d'œufs, ajoutez le sucre. Mélangez bien de façon que l'appareil blanchisse. Faites bouillir le vin et la cannelle dans une casserole. Hors du feu, versez l'appareil précédent dans la casserole. Mettez-la dans un bain-marie et continuez à fouetter jusqu'à l'obtention d'une crème légère et onctueuse. Laissez refroidir. Réservez au frais.

25 cl de vin blanc
100 g de sucre
4 jaunes d'œufs
1 cuillerée à café de cannelle

Le fromage, Tacuinum Sanitatis, XVe siècle. *(Paris, BNF, Ms. latin 9333.)*

Chaudeau.

Macarons.

Macarons - Macarons

Mondez les amandes, réduisez-les en poudre. Ajoutez le sucre glace. Dans un saladier, travaillez les blancs d'œufs avec le sucre semoule, versez l'appareil précédent. Ajoutez la cannelle. Préchauffez le four à 180°(thermostat 6). Remplissez une poche à douille avec la préparation. Placez une feuille de papier sulfurisé, préalablement beurrée, sur une plaque humidifiée. Façonnez des petites boules de quatre à cinq centimètres de diamètre que vous aplatissez du bout des doigts. Placez-les sur le papier en prenant soin qu'elles soient bien séparées. Laissez reposer un moment. Faites cuire à four chaud, de 20 à 25 minutes. Les macarons doivent prendre une couleur légèrement dorée. Laissez-les refroidir avant de les détacher du papier.

250 g d'amandes entières
100 g de sucre glace
300 g de sucre semoule
4 blancs d'œufs
1 cuillerée à café de cannelle

Noisettes, Platearius, Le livre des simples médecines. *(Paris, BNF, Français 12322 fol. 187.)*

Menu N°3

Et premièrement

Tartre bourbonnaise et ypocras
Tourte bourbonnaise et l'hypocras

Second metz

Blanc manger a poisson
Poisson en sauce aux amandes
Milet en potage
Millet

Tierz metz

Doreures et pommeaux
Poulet farci et ses boulettes

Quartz metz

Porée de cresson
Purée de cresson

Qintz mets

Blanc menger party
Blanc manger de deux couleurs
Sacristains
Sacristains
Amandes, noix, noysilles
Amandes, noix, noisettes
Et le claré
Vin clairet

Commentaires

Le menu proposé joue sur les couleurs : le jaune, le blanc, le vert. La tourte est colorée au jaune d'œuf, le poulet et les boulettes qui l'accompagnent doivent être dorés. Le plat de poisson est blanc, la purée de cresson verte. Les maîtres queux du Moyen Âge recherchent dans les mets autant la couleur que la saveur. La table doit être un plaisir gustatif, olfactif et visuel. Les couleurs sont codifiées selon des principes comparables à ceux de l'héraldique. Le jaune, symbole de l'illumination et de la sagesse, est obtenu grâce au safran et aux jaunes d'œufs. Les nuances de vert, synonyme de nature, de renaissance, de résurrection, sont le résultat de l'emploi de différentes herbes. Le brun qui, dans les mets, peut s'approcher du noir, est dû à l'utilisation du pain grillé et des foies de volaille ; c'est la couleur choisie par les bénédictins voulant prouver ainsi leur souhait d'humilité. Le blanc est celle des moines cisterciens qui ont décidé de renoncer au monde pour accéder à la pureté intérieure. Les plats blancs sont particulièrement recherchés.

Le repas débute avec la *tartre bourbonnaise*, qui doit son nom au Bourbonnais, ancienne province du centre de la France, devenu duché en 1327. La tourte bourbonnaise appartient à la cuisine régionale. Il est important de noter qu'elle est référencée dans le *Viandier* mais c'est une des rares incursions de la cuisine des provinces dans la gastronomie du Moyen Âge ; il faudra attendre le XVIIIe siècle pour que l'on s'intéresse aux spécificités locales. Le fromage employé doit être un fromage au lait de vache cru, à pâte molle et à croûte lavée, de saveur assez corsée.

Le *blanc manger* est le plat emblématique du Moyen Âge, blanc comme son nom l'indique. Ce mot est formé de l'adjectif « blanc » qui indique la couleur du mets et de « manger » qui, jusqu'au XVIIe siècle, est indifféremment un nom ou un verbe suivant la fonction qu'il occupe dans la phrase. Le « *manger* » ou « *menger* » utilisé comme substantif signifie « nourriture », « mets ». Le blanc manger est aussi bien une préparation à base de poisson ou de poulet qu'un entremets sucré. Ce menu propose les deux types de blanc manger.

Le *blanc manger de poisson* est l'homologue du *blanc manger de chappon*. Le sucre, qui rehausse les teintes de blanc, entre dans la composition de ces deux mets et lui confère un caractère onéreux. En effet, si aujourd'hui cette denrée est devenue de consommation courante, au Moyen Âge, en raison de son coût, le sucre n'apparaît que sur les tables des riches. La recette de poisson a été réactualisée sans sucre pour s'adapter à nos goûts actuels.

Le repas coloré. *(Paris BNF, Français 6440 fol. 158.)*

Le millet, dans le *Viandier*, est un entremets dont la préparation s'apparente à celle du riz au lait. Il est coloré et parfumé avec du safran. C'est une céréale employée dans l'alimentation au Moyen Âge, qui se doit d'être redécouverte. Le millet a l'avantage de se digérer facilement. On le trouve dans les magasins de diététique ou dans les épiceries spécialisées. Dans ce menu, il est proposé en accompagnement du *blanc manger de poisson* sous l'appellation *milet en potage*. Le terme potage n'a pas le sens que nous lui connaissons aujourd'hui : au Moyen Âge, le *potage* est tout plat qui cuit dans un pot.

Les doreures et pommeaux, le poulet farci et ses boulettes, est un plat prestigieux puisque la volaille est dorée à la feuille d'or ou d'argent. Dans la recette présentée, le poulet et les boulettes sont dorés au jaune d'œuf ! Choisissez un poulet avec la tête et les pattes. Prévoyez du temps pour la réalisation de ce mets. La composition de la poudre fine, utilisée dans la farce, est donnée dans l'introduction de cet ouvrage.

La porée de cresson, la purée de cresson, de couleur verte, se marie bien avec le poulet farci. Le cresson se trouve dans la nature près des rivières et l'homme médiéval aime son goût particulier. Aujourd'hui, il est préférable de l'acheter chez les marchands de primeurs plutôt que de le cultiver soi-même car le cresson est porteur d'un dangereux parasite qui se développe selon les terrains et l'exposition. La variété de cresson de fontaine est la plus estimée. Sa richesse nutritionnelle mérite de voir le cresson davantage sur nos tables. Attention, il réduit considérablement à la cuisson !

Le blanc menger party : blanc manger de deux couleurs, servi en dessert, s'accordera très bien avec l'hypocras. Ce mets a été longtemps oublié et mérite d'être de nouveau aux repas de fêtes. La recette donnée peut servir de base et permet toute interprétation imaginative. Le *blanc menger party* est divisé en deux parties de couleurs différentes. Suivant les colorants dont vous disposez, vous pouvez réaliser un blanc manger de teintes différentes. Au Moyen Âge, les plantes ou les fruits sont utilisés comme colorants. L'orcanette ou orcanète est une plante à feuilles rugueuses dont les racines ont la propriété de colorer en rouge foncé, le tournesol colore en bleu, le safran en jaune, les herbes teintent en vert... Accompagnez le blanc manger de sacristains, gâteaux secs saupoudrés de sucre cristallisé.

Tartre bourbonaise - Tourte bourbonnaise
« *Tartre bourbonaise, fin fromage broyé, destrempé de cresme et des moyeux d'œufs souffisamment et la crouste bien poistrie d'œufs et soit couverte le couvercle entier et orengé dessus.*/ Tourte bourbonnaise est faite de fin fromage broyé, détrempé de crème et de jaunes d'œufs et la croûte bien pétrie d'œufs et que le dessus soit couvert et orangé ».

Foncez le moule avec une abaisse de pâte brisée. Faites cuire à blanc. Disposez le fromage émietté au fond de la pâte. Dans un saladier, battez les jaunes d'œufs, versez la crème, ajoutez le poivre et le gingembre. Mélangez bien. Versez cet appareil sur le fromage. Recouvrez d'une autre abaisse de pâte en soudant bien les bords avec les doigts mouillés. Faites une cheminée et enfoncez un petit carton. Dorez au jaune d'œuf ou au safran. Mettez dans le four préalablement chauffé. Laissez 45 minutes à 180°.

Pour 6 personnes
2 pâtes brisées
150 g de chamberrat ou de maroilles par exemple
25 cl de crème fraîche liquide
2 jaunes d'œufs
1 pincée de gingembre
1 pincée de poivre
1 œuf pour dorer ou 1 dose de safran

Blanc manger a poisson.

Blanc manger a poisson - Blanc manger de poisson
« *Pour faire blanc manger a poisson de brochet, de perche ou d'aultre poisson auquel apartient blanc manger et faites escaillés et frire à l'uyle ou au beurre. Et prenés amandes et les deffaites comme dessus est dit et de purée de pois, mettés du vin blanc et les deffaictes et du gingembre et defaictes de vert jus et succre tant qu'il y en a assés et méttés à part ainsi comme en celui de chair.*/ Pour faire un blanc manger de poisson, brochet, perche ou autre poisson avec lequel on peut faire le blanc manger, faites-le écailler et faites-le frire dans l'huile ou au beurre. Prenez des amandes et mouillez-les avec du bouillon, puis broyez-les et passez à l'étamine, prenez de la purée de pois, ajoutez du vin blanc et du gingembre, du verjus et du sucre en assez grande quantité et mettez à part comme pour le blanc manger de viande ».

Préparez le lait d'amandes que vous réalisez avec du fumet de poisson. Réservez. Faites frire le filet de perche à l'huile ou au beurre. Salez. Égouttez-le sur une grille. Réservez-le au chaud. Versez le lait d'amandes dans une casserole, ajoutez le vin, le vinaigre, le gingembre, le sel. Portez à ébullition. Faites réduire de moitié à petit feu. Au dernier moment, ajoutez le beurre coupé en dés et fouettez. Mettez 1 cuillerée à soupe de fumet de poisson. Salez en goûtant. Laissez cuire encore 2 à 3 minutes. Coupez le filet en quatre et dressez chaque morceau dans une écuelle, nappez-le de sauce.

Pour 4 personnes
1 filet de perche (600 g environ)
2 cuillerées à soupe d'huile
10 cl de vin blanc
1 pincée de gingembre
1 cuillerée à soupe de vinaigre de vin blanc

Milet en potage.

25 cl de lait d'amandes
20 g de beurre
2 cuillerées à soupe de fumet de poisson + 1 pour la liaison
sel

Milet en potage - Millet en potage

Lavez le millet. Faites-le griller rapidement dans une poêle. Versez-le dans une grande quantité d'eau bouillante salée avec les graines de fenouil. Couvrez et faites cuire à couvert et à feu doux pendant 30 minutes. Ôtez-le, égouttez-le dans une passoire. Remettez-le dans la casserole, salez, poivrez, ajoutez le parmesan. Mélangez bien. Laissez cuire quelques instants. Au dernier moment, avant de servir, remettez sur feu doux et hors du feu, liez avec l'œuf.

Pour 4 personnes
30 g de millet perlé
1/2 cuillerée à café de graines de fenouil
40 g de parmesan râpé
1 œuf
sel, poivre

Doreures et pommeaux - Poulet farci et boulettes

« *Entremetz pour ung jour de feste ou pour ung convy de prince aux trois jours masles de la sepmaine comme dimenche, mardi et le jeudi. Pour farsiz et pommeaulx : convient, pour les pommeaulx, de la chair de porc crue, il ne peult challoir quelle, dont les poulles soient farcies ; et convient, après que la poulaille est tué, rompre ung pou de peau de la teste, et avoir ung tuyau de plume et souffler dedans tant qu'elle soit bien plaine de vent, et puis les eschauder, et, après, les fendre par dessoubz le ventre, et les escorchier et mettre les charcois d'un costé. Et convient, pour faire la farce pour farcir la poullaille, du blanc, du lart hachié avec la chair, et fault des oeufz, de bonne poudre fine, du pignolet et du roisin de Corinde et en farsir la peau de la poulaille et ne l'emplir pas trop qu'elle ne crieve, puis la recoudre ; et convient la boullir en une paelle sur le feu, et ne le fault guaire laisser cuire, et puis les brochez en broches gresles, et, quant les pommeaulx seront bien faictz, les convient mettre cuire avec ladicte poulaille, et les tirer quant ilz seront durciz, et avoir les broches des pommeaulx plus gresles de la moittié ou plus que celles de la poullaille. Et après, fault avoir de la paste batue en oeufz tellement qu'elle se puisse tenir sur la paelle, et, quant la poullaille et les pommeaulx seront presque cuitz, les oster et mettre sur sa paste, et prendre de la paste à une cuillier nette, en remuant tousjours, et mettre par dessus sa poulaille et ses pommeaulx tant qu'ilz en soient dorez, et les faire par II ou par III foiz tant qu'ilz en soient bien couvertz, et fault prendre du fueil d'or ou d'argent et les enveloper, et fault avoir ung petit d'aubun d'œuf et les arrouser affin que le fueil tiengne mieulx./* Entremets pour jour de fête ou pour un festin de prince pour trois jours comme dimanche, mardi et jeudi. Pour farcir la volaille et réaliser les pommeaux, il faut de la chair de porc crue, il n'y a qu'elle qui convienne et il faut en farcir la volaille. Il faut que la volaille soit tuée, alors on coupe un peu de la peau de la tête et avec un petit tuyau de plume, on souffle pour la remplir de vent, ensuite on l'échaude puis on fend le dessous du ventre et on étire les pattes et les ailes de chaque côté. Il faut faire la farce avec du blanc, du lard haché avec la chair, il faut des œufs et de la poudre fine, des pignons et des raisins de Corinthe, il faut en farcir la peau de la volaille et ne pas trop l'emplir pour qu'elle ne crève pas, alors il faut la recoudre et la faire cuire dans un récipient sur le feu. Il ne faut pas la laisser trop cuire. Ensuite, il faut faire des pommeaux, il faut les mettre à cuire avec la volaille et les enlever lorsqu'ils sont cuits et les mettre sur des broches plus petites que celles que l'on utilise pour la volaille. Quand la volaille et les pommeaux sont presque cuits, les enlever et les recouvrir de jaune d'œuf battu en remuant ; il faut que la volaille et les pommeaux soient dorés, alors il faut renouveler l'opération plusieurs fois, il faut prendre une feuille d'or ou d'argent et les envelopper ou procéder avec un petit peu de jaune d'œuf pour que la feuille adhère bien ».

Préparez la farce : hachez le porc, le lard et le persil. Mélangez en ajoutant la mie de pain, les raisins secs, les pignons et les œufs battus. Ajoutez la poudre fine d'épices, salez. Faites une pâte homogène. Procurez-

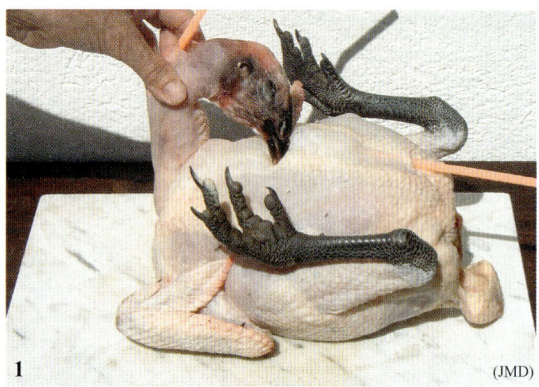

vous un poulet avec les pattes et la tête. Mettez le poulet sur le dos. Pratiquez deux incisions dans la peau du poulet de 2 à 3 millimètres, l'une sur le dos du cou du poulet à la base de la tête, l'autre au bas du ventre (au-dessus de l'orifice ayant servi à vider le poulet). Introduisez successivement un chalumeau à boisson dans chacune de ces incisions et soufflez dans le chalumeau pour que la pression d'air décolle la peau. Pour plus d'efficacité, après avoir introduit le chalumeau, pincez la peau du poulet autour de l'incision dans laquelle vous avez introduit le chalumeau. N'hésitez pas à souffler plusieurs fois afin d'obtenir un décollement de la peau sur le maximum de surface **(1)**. Une fois la peau décollée, introduisez la pointe d'un couteau dans l'incision inférieure pour couper la peau jusqu'à la tête **(2)**. Finissez de décoller la peau sur les flancs avec les doigts. Garnissez de farce l'espace entre la chair et la peau. Recousez la peau sur toute la longueur **(3)**. Façonnez des boulettes de farce. Badigeonnez d'huile le poulet et les boulettes et faites cuire à four chaud. À mi-cuisson, recouvrez les pattes et les ailes de papier sulfurisé pour qu'elles ne brunissent pas. En fin de cuisson, enduisez le poulet et les pommeaux de jaune d'œuf battu. Remettez dans le four pendant quelques minutes. Avec précaution, écartez les ailes du poulet, étendez les pattes.

Pour 6 personnes
1 poulet de 1 kg 800 à 2 kg
250 g de porc
150 g de lard maigre
100 g de mie de pain rassis
1/2 bouquet de persil frais
40 g de raisins secs
40 g de pignons
2 œufs + 1 jaune d'œuf pour dorer
2 cuillerées à café de poudre fine
sel

Porée de cresson - Purée de cresson

« *Prenez vostre cresson, et le faictes boullir, et une pongnée de bettes, et mettés avec, puis la miciez et friolés en huille, et puis la mettez boullir en lait d'amandes, si vous la voulez telle. Ou, en charnage, en l'eaue de la chair, ou au beurre, ou au fromage, ou toute crue sans riens y mettre, se vous la voulez ainsi ; et est bonne contre la gravelle.*/ Prenez votre cresson et faites-le bouillir avec une poignée de bettes. Émincez les légumes et faites-les revenir dans l'huile. Mettez à bouillir le lait d'amandes, si vous souhaitez l'utiliser. Si c'est un jour gras, mettez du bouillon de viande ou du beurre ou du fromage ou rien du tout et c'est le mieux. Le tout est bon contre la gravelle ».

Faites blanchir le cresson et les feuilles de bettes pendant 15 minutes dans de l'eau bouillante salée. Laissez bien s'égoutter. Broyez les herbes, salez-les. Faites-les revenir dans le beurre, ajoutez le fromage râpé. Servez chaud.

Pour 4 personnes
1 kg de cresson nettoyé et lavé
100 g de bettes
80 g de beurre

Doreures et pommeaux.

Cresson, Herbier latin.
(Rés Inc 960, f. 98, Bibliothèque municipale Lyon.)

Blanc menger.

(JMD)

40 g de parmesan
sel

Vous pouvez réaliser une autre recette avec le cresson et les bettes en ajoutant du lait d'amandes et en enlevant le beurre. Il s'agit alors d'une purée plus légère pour jours maigres. Faites blanchir le cresson et les feuilles de bettes pendant 15 minutes dans de l'eau bouillante salée. Laissez bien s'égoutter. Broyez les herbes, salez-les. Faites bouillir le lait d'amandes, ajoutez les herbes. Donnez quelques tours de bouillon. Rectifiez l'assaisonnement. Passez les herbes dans une passoire, laissez égoutter.

Blanc menger party - Blanc manger de deux couleurs

« *Prenez amendes eschaudées et pelées, et les broyez très bien, et les deffaictes d'eaue boulue ; puis, pour faire la lieure pour les lyer, fault avoir du ris batu ou de l'amydon. Et quant son layt ara esté boulu, le fault partir en plusieurs parties, en deux potz, qui ne veult faire que de deux couleurs, et, qui le veult, faire en III ou en IV parties ; et convient qu'il soit fort lyé autant que seroit froumentée, tant qu'il ne se puisse reprendre quant il sera drecié ou plat ou en l'escuelle ; puis prenez orcanet, ou tornesot, ou asur fin, ou persil, ou salmonde, ou ung petit de saffren coullé avec la verdure, affin qu'il tieng[n]e mieulx sa couleur quant il sera boullu. Et gectez du succre dedans le lait quant il bouldra, pour tirer arrière, et le sallez, et remuez fort tant qu'il soit renforcy et ayt prins sa couleur telle que luy vouldrez donner.*/ Prenez des amandes échaudées et pelées, broyez-les et trempez-les dans de l'eau bouillie. Pour faire la liaison, il vous faut du riz battu ou de l'amidon. Quand le lait aura bouilli, séparez-le en deux parties, en deux pots si vous voulez faire deux couleurs, et si vous voulez en trois ou quatre pots. Il faut qu'il soit vraiment lié car il faut qu'il ait de la consistance afin de le dresser dans un plat ou dans une écuelle. Puis prenez de l'orcanet ou du tournesol ou du persil ou toute autre herbe verte ou un peu de safran mélangé avec la verdure afin qu'il garde bien la couleur. Mettez du sucre dans le lait et retirez du feu quand la préparation bout, salez et remuez jusqu'à ce qu'elle ait la couleur souhaitée ».

Versez 20 cl de lait, la crème et la poudre d'amandes dans une casserole. Faites chauffer à petit feu jusqu'à ce que l'appareil prenne de la consistance. Ôtez la casserole du feu et laissez refroidir. Mettez les feuilles de gélatine dans le reste du lait. Laissez-les se dissoudre pendant une heure. Remettez la casserole sur le feu, ajoutez le sucre à l'appareil. Laissez chauffer en remuant constamment. Hors du feu, ajoutez le lait de trempage de la gélatine ainsi que les feuilles ramollies. Remuez pour bien mélanger. Versez une moitié de l'appareil dans un saladier. Réservez l'autre. Préparez un coulis de fruits rouges et mélangez-le à l'appareil réservé. Versez ces appareils dans deux moules légèrement huilés, laissez refroidir à température ambiante et réservez au réfrigérateur une heure minimum. Démoulez en trempant le fond du moule dans de l'eau chaude. Décorez avec des amandes effilées grillées.

Pour 6 personnes
40 cl de lait
15 cl de crème
125 g de poudre d'amandes
75 g de sucre
3 feuilles de gélatine
100 g de fruits rouges

Sacristains - Sacristains

Abaissez la pâte feuilletée de façon à obtenir une épaisseur de 3 cm. Badigeonnez-la avec l'œuf battu. Parsemez les amandes hachées en pressant avec la paume de la main pour les faire adhérer. Saupoudrez de sucre. Détaillez des bandes de 10 cm de longueur que vous divisez en bâtonnets de 1,5 cm de large. Prenez chacun des bâtonnets par les extrémités, vrillez-les en tire-bouchon. Déposez les sacristains sur une plaque à pâtisserie beurrée. Appuyez pour coller les extrémités afin que les gâteaux ne se déforment pas. Faites-les cuire 15 minutes environ dans un four à 230°. Surveillez leur cuisson. Vous pouvez les conserver une semaine dans une boîte en fer.

1 pâte feuilletée
30 g de sucre cristallisé
30 g d'amandes hachées
1 œuf

Sacristains.

(EG)

La succession des plats, Grandes Heures d'Anne de Bretagne, fin XVᵉ siècle. (Paris, BNF, Département des manuscrits, Latin 9474 fol. 5.)

Menus selon le *Mesnagier de Paris*

Menu N° 1

Première assiette
Garnache et pipefarces
Vin de grenache et beignets au fromage

Seconde assiette
Tartre jacopine
Tourte jacobine

Tierce assiette
Porée d'espinoches
Purée d'épinards

Quarte assiette
Bœuf a la cameline
Bœuf, sauce cameline

Quinte assiette
Banon, figues, neffles et nois pelées
Banon, figues, nèfles et noix pelées

Sixième assiette
Milet en lait de vasche
Millet au lait
Ypocras et gauffres
Hypocras et gaufres fines

Commentaires

Le menu proposé présente la deuxième sauce emblématique du Moyen Âge : la *cameline*, ainsi qu'une tourte qui figure dans presque tous les manuscrits, la *tartre jacopine* ou *jacobine*.

Le festin débute avec des *pipefarces*, beignets au fromage, servis avec du *garnache*. Dans le *Mesnagier*, l'apéritif est presque toujours le *garnache* ou vin de grenache. Originaire d'Espagne, ce vin provient d'un des cépages principaux du bassin méditerranéen. Ses arômes chaleureux, légèrement poivrés, ne peuvent que plaire au Moyen Âge. L'étymologie du mot *pipefarce* est incertaine. Il s'agit peut-être d'un dérivé du nom « pipe » signifiant « tuyau, chalumeau » se rapportant à la forme des beignets. Les pipefarces ont des saveurs différentes selon le fromage employé. Le parmesan leur confère un parfum caractéristique.

La tartre jacopine, avec ses écrevisses et ses anguilles, est un grand classique de la cuisine médiévale : sa recette est d'abord donnée par Taillevent dans le *Viandier*, elle est reprise sous une forme plus élaborée dans le *Mesnagier de Paris*. Taillevent la saupoudre de sucre alors que l'auteur du *Mesnagier* ne le mentionne pas. Au Moyen Âge, les écrevisses sont abondantes dans les rivières, tout le monde en raffole. Les anguilles sont également des poissons largement consommés que l'on pêche dans les rivières et dans les étangs. Dans la tourte du *Mesnagier*, les écrevisses sont utilisées dans un but gustatif puisque leur chair fait partie des ingrédients cités. Dans la tourte proposée, elles servent surtout à la décoration. La *tartre jacopine* est la preuve, une fois de plus, que les maîtres queux recherchent le plaisir des yeux autant que la saveur des mets.

La porée d'espinoches ou purée d'épinards peut se servir avec la tourte, le vert des légumes contrastera avec le rouge des écrevisses. Les épinards sont d'abord cultivés en Orient avant de conquérir les terres européennes. Ils poussent alors en abondance. C'est le légume des jours de carême, les épinards étant récoltés en février.

La *cameline* est avec la *dodine* une des deux sauces les plus notoires du Moyen Âge. Il s'agit d'une réduction de vin rouge et d'épices. La liaison est faite avec de la mie de pain grillé. La couleur brune, pareille à celle du chameau, étymologie oblige, est donnée par la cannelle qui est l'épice dominante. Toute viande peut être présentée avec la cameline : poulet, canard… Dans la recette proposée, c'est le bœuf qui a été choisi.

La cameline. Le livre des simples médecines. (Paris, BNF, Italien 1108 fol. 49.)

Le banon tient son nom du village des Alpes-de-Haute-Provence où il est fabriqué. Il sent le thym, le romarin, le serpolet, le genévrier… Il est réalisé avec du lait de vache ou de chèvre selon la saison. Très prisé au Moyen Âge, il peut se servir avec des figues fraîches ou des fruits secs.

Le millet, *milet* en ancien français, est une céréale très estimée au Moyen Âge qui mérite d'être de nouveau sur nos tables. Il s'achète dans les magasins spécialisés dans la diététique. Notons que cet entremets est réalisé avec du lait de vache et non du lait d'amandes. En effet, au Moyen Âge, les cuisiniers se méfient du lait, difficile à conserver. Toutefois, lorsqu'ils peuvent s'en procurer, ils n'hésitent pas à l'employer, ce qui est possible le matin car la marchande de lait parcourt dès l'aube les rues des villes afin de le proposer. Pour la petite histoire, notons que deux personnages n'ont jamais l'occasion de se rencontrer en raison de leurs horaires opposés dans la journée : la marchande de lait et le crieur de gaufres !

La recette des gaufres est donnée avec une grande précision dans le *Mesnagier de Paris*. *Les gauffres, les oublies, les mestiers* sont une même pâtisserie, seule la finesse de la pâte diffère. Le terme « gaufre » a un sens général et désigne « une sorte de pâtisserie ». Il est issu d'un mot germanique signifiant « rayon de miel ». Ces gâteaux sont cuits entre deux plaques de fer dont les motifs rappellent les alvéoles des rayons de miel dans les ruches. En ancien français, gaufre s'écrit avec deux « f », ce redoublement de la consonne sera par la suite simplifié. *Gauffres, oublies et mestiers* sont vendus dans les rues par les « oublieurs » ou « obloyeurs » qui font partie d'une corporation très puissante. En effet, depuis 1292, sous le règne de Philippe le Bel, les *oublieurs* se séparent des pâtissiers pour former une corporation indépendante. Pour être reçu maître-oublier, il faut avoir fait un apprentissage de cinq ans et être capable de fabriquer mille oublies en une journée. En 1292, il y a vingt-neuf oublieurs à Paris. Les vendeurs de gaufres sillonnent dès le crépuscule les rues des villes et ce jusqu'à la nuit tombée. Les gens les hèlent du haut de leurs fenêtres. Les gaufres proposées sont réalisées avec une pâte coulante comme la pâte à crêpe. Choisissez un fer à gaufres aux alvéoles fines.

Pipefarces - Beignets au fromage

« *Prenez des moyeux d'œufz et de la fleur de sel et ung pou de vin et batez fort ensemble, et du fromage trenché par lesches. Et puis toulliez les lesches de frommage dedens la paste et puis la frisiez dedens une paelle de fer et du saing dedens.*/ Prenez des jaunes d'œufs et de la fleur de sel et un peu de vin et battez tout ensemble et du fromage coupé en tranches. Trempez les morceaux de fromage dans la pâte et faites revenir dans une poêle de fer avec du saindoux dedans ».

Préparez la pâte 1 heure avant la réalisation du plat. Mettez la farine tamisée dans un saladier. Cassez l'œuf, ajoutez l'huile, une pincée de sel. Mélangez. Incorporez peu à peu le lait. Versez le vin blanc. Mélangez encore. Laissez reposer la pâte. Coupez le fromage en petits morceaux. Trempez-les dans la pâte à beignets et plongez-les dans l'huile frémissante et non fumante. Retirez-les, épongez-les sur du papier absorbant. Faites frire le persil finement ciselé. Disposez les beignets en pyramide avec une décoration de persil frit.

Pour 6 personnes
100 g de parmesan
pâte à beignets :
125 g de farine
25 cl de lait
1 cuillerée à soupe de vin blanc
1 œuf
1/2 cuillerée à soupe d'huile
1 pincée de sel
huile de friture

Pipefarces.

Tartre jacopine - Toutre jacobine

« *Prenez des anguilles et les eschaudez et tronçonnez par petis tronçons qui n'aient que demy doit d'espois, et prenez de la cloche, du frommage de gain esmié, et puis cela soit porté au four et que l'en face une tarte, et que l'en pouldre du frommage au fons, et puis que l'en mette l'anguille debout, et puis du frommage un lit, et puis un lit de cols d'escrevices, et tousjours, tant comme chascun durera, un lit d'un et un lit d'autre. Et puis boulez du lait, et puis boulez du saffran et du gingembre, graine, giroffle, et puis destrampez du lait, et puis mettez dedans la tartre quant elle aura esté un pou au four, et mettez du sel dedans le lait, et qu'elle ne soit point couverte ; et pongnez les piés des escrevices, et faites un joly cou-*

Tartre jacopine.

Les épinards, Tacuinum Sanitatis, Allemagne, XVᵉ siècle. (Paris, BNF ms. latin 9333, fol. 24.)

vescle à par soy, pour mettre dessus quant elle sera cuite./ Prenez des anguilles, échaudez-les et coupez-les en petits tronçons qui n'aient pas plus d'un demi-doigt d'épaisseur, prenez du gingembre, du fromage émincé et que tout soit mis au four et que l'on en fasse une tarte, et que l'on tapisse le fond de fromage et on dépose l'anguille. On recouvre de fromage et on pose sur ce lit les queues d'écrevisses, tant que ça dure, d'une couche sur l'autre. On ajoute du lait et du safran, du gingembre, de la graine de paradis, des clous de girofle, du lait et mettez cela dans la tarte quand elle aura été au four. Ajoutez du sel dans le lait et qu'elle ne soit pas couverte, piquez les pattes autour de la tarte et faites un joli couvercle pour y mettre dessus quand elle sera cuite ».

Faites cuire l'anguille ou un poisson similaire au court-bouillon. Laissez refroidir. Enlevez la peau, émiettez le poisson. Foncez un moule à tarte d'une abaisse de pâte brisée. Préchauffez le four et faites cuire la pâte à blanc pendant 5 minutes. Déposez une couche de mozzarella coupée en tranches fines sur le fond de la tarte puis une couche de poisson. Séparez les blancs des jaunes, battez les jaunes en ajoutant le safran, les clous de girofle et le gingembre. Ajoutez la crème. Mélangez bien le tout. Montez les blancs en neige ferme. Incorporez-les à l'appareil précédent. Salez et poivrez. Versez le tout dans la tarte. Recouvrez d'une abaisse un peu plus grande que vous soudez à la première. Dorez au jaune d'œuf. Faites une petite cheminée avec un bristol pour permettre l'évaporation. Enfournez pendant 45 minutes à 180°. À mi-cuisson, couvrez le dessus avec une feuille de papier sulfurisé pour éviter qu'il brunisse trop. Servez chaud. Disposez les écrevisses au-dessus de la tourte.

Pour 6 à 8 personnes
2 pâtes brisées
1 kg d'anguille ou de poisson similaire
6 ou 8 écrevisses cuites
3 œufs + 1 pour dorer
15 cl de crème
250 g de mozzarella égouttée
1 dose de safran
1 pincée de gingembre
2 clous de girofle broyés
sel, poivre blanc

Porée d'espinoches - Purée d'épinards

« *Une espèce de porée. Une espèce de que l'en dit espinars et ont plus longues feuilles, plus gresles et plus vers que porée commune, et aussi l'en appelle espinoches, et se menguent au commencement de karesme. Nouvelle et première porée. Eslisiez-le, et à eslire ostez les grosses costes comme l'en fait des choulx, puis les mettez en eaue frémiant sans mincer, et aiez en un pot eaue clere, ou purée, et du sel, et mettez la porée dedens icelluy pot cuire, et puis dréciez et mettez huille d'olive ou vertjus en l'escuelle, et n'y ait point de percil. Aucunes fois et le plus souvent l'en frit les espinars tous crus, et quant ils sont bien fris, l'en met de l'eaue un petit, comme l'en fait souppe à l'uille.*/ Un légume particulier est appelé épinard qui a des feuilles longues et plus minces que la poirée ordinaire (la blette ou bette) et que l'on appelle aussi épinoche. Il se mange au début du carême. Nouvelle et première purée. Choisissez les premiers de l'année, triez-les, ôtez les grosses côtes comme l'on fait pour les choux. Mettez-les dans l'eau frémissante sans les couper, plongez-les dans un pot rempli d'eau claire ou de bouillon de légumes. Salez, faites cuire, dressez sur un plat et versez de l'huile d'olive ou du verjus dans l'écuelle et n'ajoutez surtout pas de persil. Parfois et même le plus souvent, on fait frire les épinards tout crus et quand ils sont bien frits, on y ajoute un peu d'eau comme si l'on faisait des « *souppes* » (tranches de pain épaisses) à l'huile ».

1 kg d'épinards crus donne environ 400 g d'épinards cuits. Préparez les épinards en enlevant les queues et les nervures. Lavez-les soigneusement et faites-les cuire à découvert dans une grande quantité d'eau bouillante salée. Égouttez-les et plongez-les tout de suite dans un saladier d'eau glacée pour qu'ils conservent leur couleur. Égouttez-les de nouveau. Mettez-les dans un plat et arrosez-les d'un filet d'huile d'olive. Présentez avec des croûtons frits, revenus dans de l'huile.

Pour 4 personnes
2 kg d'épinards
2 cuillerées à soupe d'huile d'olive
4 croûtons
1 cuillerée à soupe d'huile
sel

Bœuf a la cameline - Bœuf, sauce cameline

« *Cameline. Nota que a Tournay pour faire cameline l'en broye gingembre, canelle et safran, et demye nois muguecte, destrempé de vin, puis osté du mortier. Puis ayez mye de blanc pain sans brûler trempé en eaue froide, et broyez ou mortier, destrempez de vin et coulez. Puis boulez tout, et mectez au derrain du succre roux : et ce est cameline d'yver.*/ Notons qu'à Tournay, pour préparer la cameline, on broie du gingembre, de la cannelle et du safran, une demi-noix de muscade ; on délaie avec du vin, puis on ôte du mortier. Faites ensuite tremper de la mie de pain blanc non grillé dans de l'eau froide, broyez-la dans le mortier, délayez-la avec du vin et passez. Faites bouillir le tout et à la fin ajoutez du sucre roux : c'est ce qu'on appelle la cameline d'hiver ».

Faites revenir les lardons avec un peu de matière grasse. Réservez-les. Coupez le bœuf en dés de 5 cm environ de côté. Faites-les revenir dans la graisse des lardons. Réservez-les. Déglacez la cocotte avec le vin rouge, faites réduire de moitié, ajoutez le bouillon, les dés de bœuf et les lardons. Poivrez, salez si nécessaire. Faites cuire de 1 heure à 1 heure 30 minutes. Ôtez les morceaux de viande. Émiettez le pain, faites-le tremper dans de l'eau froide, essorez à la main, broyez-le ensuite. Délayez les épices dans le vinaigre. Versez le tout dans le mélange de vin et de bouillon. Faites cuire en remuant jusqu'à obtention d'un mélange onctueux. En fin de cuisson, ajoutez le sucre. Présentez les dés de bœuf nappés de sauce avec des tranches de pain grillé.

Pour 4 personnes
800 g de bœuf
150 g de lardons
25 cl de vin rouge
25 cl de bouillon de bœuf
sel, poivre
6 tranches de pain grillé

Bœuf a la cameline.

pour la sauce :
3 tranches de pain grillé séchées au four
25 cl d'eau
10 cl de vinaigre de vin rouge
2 ou 3 cuillerées à café de cannelle
1 petite pincée de gingembre
1 pointe de safran
1 pincée de muscade râpée
1 cuillerée à soupe rase de sucre roux
sel

Banon, figues, neffles et nois pelées - Banon, figues, nèfles et noix pelées

Pour 6 personnes
1 banon
6 figues
6 nèfles
50 g de cerneaux de noix

Milet en lait de vasche.

Milet en lait de vasche - Millet au lait

« *Lavez-le en trois paires d'eaue et puis le mettez en une paelle de fer sécher sur le feu, et hochiez bien, qu'il n'arde ; et puis le mettez en lait de vache frémiant, et n'y mettez point la cuillier jusques à tant qu'il ait bien bouly, et puis le mettez jus de dessus le feu et le batez du dos de la cuillère tant qu'il soit bien espois.*/ Lavez le millet dans trois bains d'eau et mettez-le à sécher dans une poêle sur le feu. Hochez bien la poêle pour qu'il n'accroche pas. Versez-le dans du lait de vache frémissant (n'y mettez point la cuillère tant qu'il n'a pas bouilli), ôtez-le du feu et battez-le avec le dos de la cuillère jusqu'à ce qu'il devienne épais ».

Lavez le millet. Faites-le griller rapidement dans une poêle. Jetez le millet dans une grande quantité d'eau bouillante. Maintenez l'ébullition 3 minutes. Ôtez le millet, égouttez-le et plongez-le dans le lait bouillant. Couvrez et faites cuire de 30 à 40 minutes à feu doux. Faites attention qu'il n'accroche pas en fin de cuisson. Retirez du feu et ajoutez le sucre, le safran ou la cannelle. Mélangez délicatement.

Pour 4 personnes
5 cuillerées à soupe de millet
50 cl de lait
25 g de sucre en poudre
1 pincée de safran ou 1/2 cuillerée à café de cannelle

Gauffres - Gaufres

« *L'en bat des oeufz en une jacte et puis du sel et du vin et gecte l'en de la fleur et destremper l'une avec l'autre. Et puis mectre en deux fers petit petit a chascune foiz austant de paste comme une lesche de fromage est grande et estaindre entre deux fers et cuire d'une part et d'autre. Et se le fer ne se delivre bien de la paste, l'en l'oint avant d'un petit drapelat mouillé en huile ou en sain.*/ Il faut battre des œufs dans une jatte, mettre du sel, du vin et de l'eau de fleur d'oranger et bien mélanger le tout. Puis mettre une petite quantité de cette préparation entre deux fers, aussi fine qu'une lamelle de fromage et faire cuire de chaque côté ».

Travaillez la crème avec le sucre. Incorporez les œufs entiers l'un après l'autre. Ajoutez la farine tamisée. Aromatisez avec quelques gouttes d'eau de fleur d'oranger. Faites chauffer le fer à gaufres, graissez-

La marchande de lait. (Cris de Paris, BNF, Bibliothèque de l'Arsenal.)

Le marchand d'oublies et de gaufres. (Cris de Paris, BNF, Bibliothèque de l'Arsenal.)

le des deux côtés. Renouvelez l'opération pour chaque gaufre. Faites couler une cuillerée de l'appareil. Laissez cuire en tournant le fer des deux côtés. Roulez les gaufres en forme de cornet.

Pour 12 gaufres
125 g de farine
125 g de sucre en poudre
125 g de crème
2 œufs
10 cl d'eau
quelques gouttes de fleur d'oranger

Menu N° 2

Première assiette
Tourte de bectes, espinoches…
Tourte de bettes, d'épinards

Seconde assiette
Soutyé vergay
Poisson en gelée vert clair

Tierce assiette
Champignons
Champignons

Quarte assiette
Comminee de poulaille
Poulet au cumin

Quinte assiette
Porée blanche
Purée de poireaux

Sixième assiette
Munster
Munster
Cresme blanche
Crème blanche
Roissolles
Rissoles aux fruits secs et aux pommes
Nieulles et claret
Nielles et le vin claret

Commentaires

Le menu proposé joue sur la couleur. Les plats sont verts, jaunes, blancs et ces teintes satisfont le regard mais obéissent également à une symbolique : le jaune, symbole de l'illumination et de la sagesse, le vert, synonyme de nature, de renaissance, le blanc allégorie de la pureté.

Ce menu témoigne d'une cuisine médiévale naturelle, sans gras, contrairement à l'image qui lui est souvent attachée.

La tourte de bectes, espinoches… est verte. En ne recouvrant pas la tourte d'une abaisse de pâte comme c'est le cas la plupart du temps pour ce genre de préparation, l'auteur du *Mesnagier* privilégie la couleur. Vous pouvez présenter à chacun des convives des tartelettes individuelles. Deux sortes de fromage sont utilisées, « *du mol et du moïen* », c'est-à-dire un fromage mou et du parmesan qui est très prisé à l'époque et qui relèvera le goût des herbes. Le fenouil, l'aneth et le cerfeuil donnent à la tarte une saveur anisée très agréable. Vous pouvez servir, comme vin, en accompagnement, l'hypocras.

Le soutyé vergay est un poisson en gelée dans les teintes d'un vert clair. Les épices utilisées pour la réalisation du plat sont nombreuses et variées : gingembre, cannelle, poivre long, graines de paradis, clous de girofle. Elles sont accompagnées d'herbes aromatiques : persil, sauge, oseille, menthe, hysope, marjolaine. Les différents parfums s'additionnent et donnent à ce mets une saveur subtile. L'auteur cite dans la liste des herbes la *salemonde* et le *coq*. La *salemonde* est l'autre nom de la benoîte, le *coq* est celui de la balsamite appelée également menthe coq. La salemonde a un peu le goût du clou de girofle, la balsamite a celui de la menthe mais encore plus amer. Ces deux plantes ne sont pas utilisées dans la recette en raison de leurs saveurs trop prononcées et des difficultés à se les procurer.

Les champignons se trouvent dans la nature et de ce fait sont largement consommés. Leur assaisonnement avec la poudre fine, dont la recette est donnée dans le premier chapitre de cet ouvrage, leur confère un goût inhabituel.

Le comminee de poulaille est une poule au cumin, cette épice étant à l'origine de l'appellation du plat. Le cumin était l'épice préférée des Romains, un quart des recettes d'Apicius en comportait. Au Moyen Âge, il est mentionné dans *Le Capitulaire de Villis*. Le cumin est une ombellifère qui pousse dans la nature au soleil et qui donne des graines en septembre. Vous pouvez en planter dans votre jardin ou dans un bac sur votre balcon. La réalisation de ce mets est caractéristique de la façon de faire au Moyen Âge. L'épaississement de la sauce est obtenu grâce à la mie de pain et la liaison est due au jaune d'œuf. Cette sauce est effectuée sans gras, ce qui est une autre spécificité de la cuisine médiévale. Le pain utilisé n'est pas grillé, comme il l'est dans d'autres recettes, de façon à garder la couleur du plat. Le cumin et l'œuf confèrent à ce plat des tonalités d'un jaune clair.

La porée blanche ou purée de poireaux est un des plats incontournables de la cuisine médiévale. La façon de cuisiner le poireau rend ce légume particulièrement savoureux. Il est bon de le redécouvrir, étant trop souvent absent de nos tables aujourd'hui.

Le fromage choisi est le munster car il possède un léger goût de cumin ; il s'agit d'un fromage à pâte molle et à croûte lavée. Le secret de la formule du munster, fromage de la région vosgienne, aurait été laissé à des moines bénédictins par un moine irlandais de passage au IVe siècle. Les monastères, les abbayes sont des lieux de grande connaissance, et seul, à cette époque, ce milieu artisanal hautement qualifié a la compétence et les moyens de mettre au point des techniques d'affinage et de conservation des fromages.

La cresme blanche est une base que vous pouvez teinter et aromatiser en incorporant à la préparation 1/2 cuillerée de cannelle ou de safran ; vous aurez alors une crème brune ou orangée. Vous pouvez la présenter avec des mûres ou des fruits rouges.

Les *roissolles* sont des entremets cuits dans de l'huile de friture. Le terme est un dérivé de l'adjectif « roux ». Ce genre de préparation culinaire a été appelé ainsi en raison de sa couleur. Le verbe « rissoler » est lui aussi un dérivé de roux. L'expression moderne « faire un roux » vient de la même étymologie.

Les *nieulles*, nielles en français moderne, sont des gâteaux faits de pâte légère. Le mot est un dérivé de « nuage » signifiant « petite chose », « bagatelle », c'est dire si les *nieulles* sont délicates. Les *nieulles* sont citées par l'auteur du *Mesnagier* dans la liste des issues, toutefois la recette n'y figure pas. Vous pouvez servir la crème blanche, les rissoles et les nielles avec l'hypocras.

Tourte de bectes, espinoches - Tourte de bettes, d'épinards

« *Pour faire une tourte. Prenez IIII pongnées de bectes, II deux poignées de percil, une pongnée de cerfueil, un brain de fanoil et deux pongnées d'espinoches, et les eslisez et lavez en eaue froide, puis hachiez bien menu : puis broyez de deux paires de frommages, c'est assavoir du mol et du moïen, et puis mettez des oeufs avec, moyeu et aubun, et les broyez parmi le frommage ; puis mettez les herbes dedans le mortier et broyez tout ensemble, et aussi mettez-y de la poudre fine. Ou en lieu de ce aiez premièrement broyé ou mortier deux cloches de gingembre, et sur ce broyez vos frommages, oeufs et herbes, et puis gettez du vieil frommage de presse ou autre gratuisé dessus celles herbes, et portez au four, et puis faites faire une tartre et la mengez chaude.* / Pour faire une tourte, prenez quatre poignées de bettes, deux de persil, une poignée de cerfeuil, un brin de fenouil et deux poignées d'épinards, triez-les et lavez-les dans de l'eau froide puis hachez menu. Broyez du fromage de deux sortes différentes, l'un frais, l'autre moyen. Ajoutez des œufs entiers et incorporez-les au fromage. Mettez les herbes dans le mortier et broyez le tout. Ajoutez aussi de la poudre fine d'épices ; à la place aussi mettez deux cloches de gingembre dans le mortier, sur lesquelles vous broyez ensuite les fromages, les œufs et les herbes. Puis saupoudrez ces herbes de vieux fromage râpé, de presse ou autre, et mettez au four ; faites faire une tarte et mangez-la chaude ».

La veille ou plusieurs heures avant la réalisation finale de la recette, nettoyez les épinards et les bettes. Enlevez les queues et les côtes. Faites-les blanchir. Laissez-les s'égoutter. Le lendemain, hachez toutes les herbes. Incorporez le mélange des deux fromages. Ajoutez le gingembre, salez, poivrez. Séparez les blancs des jaunes d'œufs. Montez les blancs en neige ferme, battez les jaunes. Ajoutez les jaunes aux herbes et aux fromages. Incorporez les blancs. L'appareil doit être bien mélangé. Préchauffez le four. Foncez les moules à tarte. Faites cuire les pâtes à blanc pendant 5 minutes. Versez ensuite l'appareil dans les moules et enfournez pendant 40 minutes.

Pour 8 tartelettes individuelles
1 pâte brisée
200 g de bettes
150 g d'épinards
1 bouquet de persil
1 poignée de feuilles de cerfeuil
1 branche d'aneth
quelques grains de fenouil
75 g fromage blanc (ricotta ou brousse)
75 g de parmesan râpé
1 pincée de gingembre
4 œufs
sel, poivre

Les épinards (Spinachia), Herbier latin datant de 1485, incunable. (Rés. Inc. 960, f. 126, Bibliothèque municipale de Lyon.)

Tourtes de bectes, espinoches.

Soutyé vergay - Poisson en gelée verte

« *Ung soutyé vergay a garder poisson de mer. Prenez percil, sauge, salemende, vinaigre et coulez ; maiz avant ayez royé coq, ysope, ozeillz toute, marjolaine, gingembre, fleur de cannelle, poivre long, giroffle, graine, et osté hors du mortier. Et mectez dessus vostre poisson quant tout sera passé et soit vergay.* / Un poisson en gelée verte. Prenez du persil, de la sauge, de la benoîte et du vinaigre. Au préalable, il faut broyer la balsamite, l'oseille, la marjolaine, le gingembre, la fleur de cannelle, le poivre long, les clous de girofle, la graine du paradis et enlever du mortier. Mettez au-dessus votre poisson quand tout sera passé par l'étamine et soit devenu vert ».

Laissez tremper la gélatine dans un saladier contenant de l'eau froide pendant 1 heure. Pressez-la dans vos mains. Égouttez-la. Laissez infuser les herbes et les épices dans le vinaigre et le vin, 1 heure minimum. Passez au mixeur. Filtrez dans l'étamine. Vous obtenez un jus de couleur verte. Salez. Mettez-le dans une casserole et donnez un tour de bouillon. Ajoutez la gélatine. Mélangez. Dans une casserole, faites pocher les filets de poisson. Égouttez-les et disposez-les dans une terrine. Recouvrez-les avec l'appareil précédent. Faites attention qu'il y ait assez de liquide. Laissez refroidir puis placez au réfrigérateur au minimum deux jours : la gelée doit se faire.

Pour 4 personnes
400 g de filets de poisson découpés en morceaux

Deux façons pour présenter le poisson en gelée. (JMD et EG.)

Cumin, Platearius, Le livre des simples médecines. (BNF Français 12322, fol. 146v.)

15 cl de vinaigre de vin blanc
10 cl de vin blanc
2 feuilles de gélatine
1 bouquet de persil
10 feuilles de sauge
1 bouquet d'oseille
10 feuilles de menthe
3 tiges d'hysope
4 tiges de marjolaine
1 cuillerée à café de gingembre
1 cuillerée à café de cannelle
1 bâtonnet de poivre long broyé
1/2 cuillerée à café de graines de paradis
3 clous de girofle
sel

Champignons - Champignons

« *Champignons d'une nuit sont les meilleurs, et sont petits et vermeils dedans, clos dessus : et les convient peler, puis laver en eaue chaude et pourboulir ; qui en veult mettre en pasté, si y mette de l'uille, du frommage et de la pouldre. Item, mettez-les entre deux plats sur charbons, et mettez un petit de sel, du frommage et de la pouldre. L'en les treuve en la fin de May et en Juin.*/ Les champignons cueillis la nuit sont les meilleurs, ils sont petits et vermeils, fermes sur le dessus. Il faut les peler puis les laver dans de l'eau chaude et les faire bouillir. Si vous voulez les mettre en pâté, il vous faut de l'huile, du fromage et de la poudre. Vous pouvez aussi les mettre entre deux plats sur la braise, mettez-y du sel, du fromage et de la poudre. On les trouve fin mai et en juin ».

Les champignons choisis sont les champignons de Paris parce qu'on en trouve toute l'année. Si vous en avez la possibilité, utilisez des cèpes, de pleurotes, des chanterelles… Ces champignons, contrairement aux champignons de Paris, ne se lavent pas, il suffit de les nettoyer et de les essuyer avec un torchon.

Lavez les champignons, égouttez-les bien. Émincez-les. Faites-les revenir dans l'huile. Saupoudrez de fromage râpé et de poudre fine. Décorez avec du persil frit.

Pour 4 personnes
500 g de champignons de Paris
3 cuillerées à soupe d'huile
50 g de fromage râpé (parmesan)
1 cuillerée à café de poudre fine

Comminee de Poulaille - Poule au cumin

« *Mettez-la par morceaulx cuire en l'eaue et un petit de vin, puis la frisiez en sain puis prenez un petit de pain, trempez en vostre boullon, et primo prenez du gingembre et du cumin deffait de vertjus, broyez et coulez et mettez tout ensemble avec du boullon de char ou de poulaille, et puis lui donnez couleur ou de saffran ou d'oeufs ou des moyeux coulés par l'estamine et filés ou potage après ce qu'il sera trait hors du feu.*/ Coupez la volaille en morceaux et mettez-la à cuire dans de l'eau et un peu de vin puis faites-la frire dans la graisse. Faites tremper un peu de pain dans le bouillon et prenez d'abord du gingembre et du cumin délayés dans du verjus, broyez, mettez-les dans le bouillon de viande ou de volaille et colorez avec du safran ou des jaunes d'œufs hors du feu. Passez le tout à l'étamine ».

Préparez le court-bouillon. Faites bouillir une grande quantité d'eau salée avec le vin, l'oignon piqué des clous de girofle, les carottes coupées en rondelles, le poireau émincé, le navet coupé en quatre. Laissez-le refroidir. Mettez la poule dans ce court-bouillon et faites bouillir de 1 heure à 1 heure 30 selon le poids. Ôtez la volaille du bouillon. Coupez-la en morceaux. Faites-les revenir dans une poêle avec un peu d'huile. Émiettez le pain, mettez-le dans 50 cl du bouillon. Délayez les épices dans le vinaigre, versez dans le bouillon. Donnez un tour de bouillon. Réduisez le feu. Faites réduire de moitié. Vous devez obtenir une sauce consistante. Passez cet appareil au broyeur. Remettez-le dans la casserole et, hors du feu, ajoutez le jaune d'œuf battu. Mélangez bien. Servez la poule nappée de sauce chaude.

Comminee de poulaille.

Pour 4 personnes
1 poule
1 oignon
2 clous de girofle
2 carottes
1 poireau
1 navet
15 cl de vin blanc sec
1 cuillerée à soupe de vinaigre de vin blanc
100 g de mie de pain
1 jaune d'œuf
2 cuillerées à café de cumin
1 pincée de gingembre
sel

Porée blanche - Purée de poireaux

« *Porée blanche est dicte ainsi pour ce qu'elle est faite du blanc des poreaux, à l'eschinée, à l'andoulle et au jambon, ès saisons d'automne et d'iver, à jour de char ; et sachez que nulle autre gresse que de porc n'y est bonne. Et premièrement l'en eslit, lave, mince et esverde les poreaux, c'est assavoir en esté, quant iceulx poreaux sont jeunes : mais en yver, quant iceulx poreaux sont plus viels et plus durs, il les convient pourboulir en lieu d'esverder, et se c'est à jour de poisson, après ce que dit est, il les convient mettre en un pot avec de l'eaue chaude et ainsi cuire, et aussi cuire des oignons mincés, puis frire les oignons, et après frire iceulx poreaux avec les oignons qui jà sont fris ; puis mettre tout cuire en un pot et du lait de vache, se c'est en charnage et à jour de poisson ; et se c'est en karesme, l'en y met lait d'amandes. Et se c'est à jour de char, quant iceulx poreaux d'esté sont esverdés, ou les poreaux d'iver pourboulis comme dit est, l'en les met en un pot cuire en l'eaue des saleures, ou du porc et du lart dedans. Nota que aucunesfois à poreaux, l'en fait lioison de pain./* La porée blanche est appelée ainsi parce qu'elle est réalisée à partir du blanc de poireau, avec l'échine, l'andouille et le jambon, en automne et en hiver, les jours gras. Aucune autre graisse que celle du porc ne convient. D'abord triez, coupez, lavez, émincez et faites blanchir les poireaux qui sont jeunes, notamment été. En hiver, quand les poireaux sont plus vieux et plus durs, faites-les bouillir au lieu de les faire blanchir et si c'est jour maigre, il faut après tout ce qui vient d'être dit les mettre dans un plot empli d'eau chaude et les faire bouillir. Il faut aussi faire cuire les oignons émincés puis les faire frire. Ensuite, il faut faire frire les oignons avec les poireaux et mettre le tout à cuire dans un pot avec du lait de vache en temps gras. Si c'est jour maigre ou en période de carême, faire cuire dans du lait d'amandes. Si c'est un jour gras, quand les poireaux sont blanchis ou si c'est l'hiver, bouillis, comme on vient de le dire, on les met dans un pot à cuire avec un bouillon de viande salée ou de porc, avec du lard également. Notons qu'on fait parfois une liaison de pain avec les poireaux ».

Lavez les poireaux, coupez la partie verte, ne gardez que le blanc. Faites cuire la poitrine salée dans de l'eau bouillante pendant 30 minutes. Réservez-la. Épluchez les oignons, émincez-les. Faites-les frire pendant cinq minutes dans une poêle avec un peu d'huile en évitant qu'ils brunissent. Ajoutez les poireaux égouttés et coupés menu. Faites cuire pendant cinq minutes en prenant soin que la préparation reste blanche. Versez le lait dans une casserole, ajoutez la mie de pain émiettée, les poireaux et les oignons. Laissez mijoter à feu doux pendant trente minutes. Surveillez que le lait ne déborde pas ou que l'appareil accroche. Salez. Si la préparation est trop liquide, égouttez-la dans une passoire. Écrasez les poireaux au moulin à légumes de façon à obtenir une purée. Faites revenir la poitrine salée découpée en tranches en la faisant à peine rôtir. Présentez la purée entourée de tranches de poitrine. Servez chaud.

Pour 4 personnes
400 g de blancs de poireaux
150 g d'oignons
100 g de poitrine salée
75 cl de lait
50 g de mie de pain rassis
huile
sel

Porée blanche.

Munster - Munster

Présentez le munster avec des tranches de pain grillé et des fruits secs ou des figues fraîches et des nèfles selon la saison.

Cresme blanche - Crème blanche

Mélangez la crème d'orge et le sucre. Délayez avec 1/3 du lait jusqu'à ce qu'il n'y ait plus de grumeaux. Faites chauffer le reste de lait. Dès l'ébullition, versez l'appareil. Diminuez le feu et continuez à remuer fortement. Laissez cuire 3 à 4 minutes.

Pour 4 personnes
50 cl de lait
40 g de crème d'orge
40 g de sucre

Roissolles - Rissoles aux fruits secs et aux pommes

« *Au commun, l'en les fait de figues, roisins, pommes hastees et noix pelees pour contrefaire le pignolet et poudre d'espices ; et soit la paste tres bien ensafranée. Puis sont frictes en huile./* Normalement on fait les rissoles avec des figues, des raisins, des pommes rôties, des noix pelées qui contrefont les pignons de pins et de la poudre fine d'épices. La pâte doit être colorée avec du safran. Les rissoles sont frites dans l'huile ».

Rissoles aux fruits secs : faites dorer les pommes coupées en tranches fines dans le beurre. Écrasez-les. Coupez les figues en menus morceaux. Broyez les cerneaux de noix. Mélangez tous les fruits. Ajoutez la cannelle. Partagez la pâte brisée en 4. Disposez au milieu une cuillerée à soupe de l'appareil précédent. Fermez-les soigneusement en leur donnant la forme de chausson. Badigeonnez-les au jaune

Roissolles.

d'œuf ou au safran. Faites chauffer de l'huile. Plongez les rissoles dans l'huile bouillante. Faites dorer une face, retournez. Égouttez les rissoles sur du papier absorbant. Elles se mangent tièdes ou froides.

Pour 4 rissoles
1 pâte brisée
20 g de beurre
2 pommes
15 g de figues sèches
15 g de cerneaux de noix
15 g de raisins secs blonds
1/2 cuillerée à café de cannelle
1 jaune d'œuf ou 1 dose de safran
huile pour la friture

Rissoles aux pommes : la recette proposée est une variante de la recette précédente. Faites dorer les pommes coupées en tranches fines dans le beurre. Écrasez-les. Saupoudrez de sucre et de cannelle mélangés. Façonnez 4 cercles du diamètre d'un verre par exemple et 4 autres cercles un peu plus grands. Disposez au milieu du plus grand une cuillerée à soupe de l'appareil précédent. Recouvrez avec le petit. Mouillez vos doigts et fermez soigneusement. Dorez les rissoles au jaune d'œuf ou au safran. Faites chauffer de l'huile. Plongez-les dans l'huile bouillante. Faites dorer une face, retournez. Égouttez les rissoles sur du papier absorbant.

Pour 4 rissoles
1 pâte brisée
20 g de beurre
2 pommes
3 cuillerées à soupe de sucre
1/2 cuillerée à café de cannelle
1 jaune d'œuf ou 1 dose de safran
huile pour la friture

Nieulles - Nielles

Sur feu doux, faites ramollir le beurre coupé en morceaux. Ajoutez le sucre et la pincée de sel. Faites tiédir le lait. Versez la farine tamisée dans un saladier, faites un puits. Ajoutez le beurre ramolli, l'œuf battu, le sucre et le lait. Mélangez rapidement de façon à obtenir une pâte lisse. Laissez-la reposer 1 heure. Étalez la pâte avec un rouleau. À l'aide d'un emporte-pièce cannelé, découpez des ronds du diamètre que vous désirez. Parsemez le dessus de pignons de pin. Disposez les gâteaux sur la plaque allant au four.

Préchauffez le four. Faites cuire 25 minutes environ à 180°.

Pour 10 nielles environ ou davantage, selon le diamètre choisi.
250 g de farine
100 g de beurre
100 g de sucre
10 cl de lait
1 œuf
1 pincée de sel
1 poignée de pignons de pin

Menu N°3

Première assiette
Pastez norroiz, saulce vert d'espices
Pâtés norrois, sauce verte

Seconde assiette
Cretonnée de fèves nouvelles ou de pois nouveaux
Purée de fèves nouvelles ou de pois nouveaux

Tierce assiette
Chappon, froide sauge
Poule, sauce à la sauge

Quarte assiette
Navaiz en la paelle
Navets à la poêle

Quinte assiette
Roquefort, noix
Roquefort, noix

Sixième assiette
Ris engoulé
Riz au lait
Taillis
Pudding aux fruits secs et aux pommes

Commentaires

Ce menu donne la recette d'une sauce très appréciée : la sauce verte, *saulce vert d'espices*. Elle est si célèbre au Moyen Âge que des marchands ambulants appelés « crieurs de sauce verte » parcourent les rues des villes pour la vendre.

Le mets de légumes, *la cretonnée de fèves nouvelles ou de pois nouveaux*, purée de fèves nouvelles ou de pois nouveaux, est un grand classique.

Le chappon, froide sauge est également un plat très courant, que l'on retrouve dans tous les manuscrits culinaires.

Le menu commence par un pâté que vous pouvez déguster avec le grenache. Les pâtés sont fabriqués chez les *pastissiers* qui possèdent le droit d'avoir un four. Les *pâtés norrois* sont très prisés par l'auteur du *Mesnagier* qui les cite souvent dans son ouvrage.

Nieulles.

Ils sont réalisés à partir de foie de morue, poisson très largement consommé à l'époque, surtout par la classe défavorisée. Les termes « morue » et « cabillaud » sont employés indifféremment dans le langage courant, pourtant le mot « cabillaud » doit être réservé au poisson frais alors que « morue » s'applique au poisson séché. Ce pâté est réalisé sans corps gras, seule la moelle sert de liant naturel. Toutefois aujourd'hui en raison des interdits concernant certaines parties des animaux, la moelle n'a pas été utilisée. Servez les pâtés avec la célèbre sauce verte. L'acidité est la caractéristique de cette sauce étant, au Moyen Âge, réalisée avec du verjus et du vinaigre.

La cretonnée de fèves nouvelles ou de pois nouveaux, purée de fèves nouvelles ou de pois nouveaux, est une façon inhabituelle de cuisiner les légumineuses. Si vous souhaitez rappeler l'étymologie du mot *cretonnée*, décorez le plat avec des morceaux de poitrine fraîche revenus dans un peu de matière grasse. En effet, le terme « creton » signifie « entaille » en néerlandais et l'aspect ridé du lard frit fait penser à la forme d'une fissure, d'une entaille.

Le chappon, froide sauge est un chapon cuisiné avec une sauce à la sauge. Dans la recette présentée, le chapon est remplacé par une poule. Ce mets se sert froid. La sauge est une des plantes aromatiques les plus estimées au Moyen Âge. On lui reconnaît des propriétés thérapeutiques et aromatiques.

Les navaiz en la paelle, les navets à la poêle sont aujourd'hui de plus en plus oubliés ; il est temps de les redécouvrir. Le navet est un légume courant au Moyen Âge dont la culture ne présente pas de difficultés. Le marchand de raves est une figure populaire des rues de Paris au même titre que le marchand d'oublies.

Le roquefort est le fromage favori de Charlemagne. Lors d'un voyage, l'empereur fait une halte chez l'abbé de Vabres qui lui offre un repas frugal, n'ayant que peu de biens : une galette de pain et un fromage étonnant avec de la moisissure au-dessus. Charlemagne enlève les taches vertes et l'abbé lui fait remarquer qu'il se prive du meilleur. L'empereur aime tant le fromage qu'il s'en fait régulièrement livrer dans sa résidence d'Aix-la-Chapelle. En 1444, Charles VII accorde aux habitants de Roquefort le monopole de l'affinage du fromage.

Le riz au lait est un entremets qui peut se déguster avec le *tailliz*. La recette de base de ce plat consiste à mélanger du bouillon de viande avec du lait lorsqu'il s'agit de jours gras ; la recette proposée est celle qui concerne les jours maigres : pas de bouillon de viande mais de la poudre d'amandes.

Le tailliz en carême, sorte de pudding, se sert frais. C'est un entremets qui se « taille », comme son nom l'indique, il est de ce fait facile à manger. La recette du tailliz en carême se trouve dans le Viandier et dans le *Mesnagier de Paris* mais les ingrédients employés ne sont pas tout à fait les mêmes, l'auteur du Mesnagier emploie des pommes fraîches à la place des fruits secs préconisés par Taillevent mais la base reste le lait d'amandes avec addition d'*échaudés* (biscuits réalisés avec une pâte à pain). La recette proposée est une synthèse des deux.

(JMD)

Pastez norrois.

Pastez norroiz - Pâtés norrois

« *Pastez norroiz sont fais de foie de morue et aucunes fois du poisson hachié avec. Et fault premièrement un petit pourboulir, puis hacher, et mis en petis pastés de trois deniers pièce et de la pouldre fine pardessus. Et quant le pasticier les apporte non cuis ou four, sont fris tous entiers en huille et c'est à jour de poisson ; et à jour de char, l'en les fait de mouelle de beuf qui est reffaite, [...] et puis la met-l'en en eaue froide, puis couppe-l'en la mouelle et arrondist-l'en comme gros jabets ou petites boulettes, puis porte-l'en au pasticier qui les met quatre et quatre ou trois en un pasté et de la pouldre fine dessus.*/ Les pâtés norrois sont faits avec du foie de morue et parfois avec du poisson haché. Il faut d'abord les faire bouillir puis les hacher, les mettre en petits pâtés comme une pièce de trois deniers et y ajouter de la poudre fine dessus. Quand le pâtissier les apporte crus, il les fait cuire dans l'huile si c'est jour maigre et si c'est jour gras, il faut y mettre de la moelle de bœuf qui a été trempée et puis on la met dans de l'eau froide et on la coupe en l'arrondissant comme de gros cailloux ou de petites boulettes. On apporte le tout chez le pâtissier qui les met quatre par quatre ou trois par trois dans un pâté avec de la poudre fine d'épices ».

Faites pocher le filet de poisson. Hachez-le. Écrasez le foie à la fourchette. Mélangez les œufs, la mie de pain, la crème et les épices. Ajoutez le foie, le poisson. Salez. Beurrez une terrine, disposez l'appareil. Couvrez la terrine et fermez-la hermétiquement. Laissez cuire au four, dans un bain-marie, 1 heure, à 180° environ. Vous pouvez procéder d'une autre manière en fonçant un moule avec une pâte brisée, disposez l'appareil et recouvrez d'une autre abaisse de pâte. Vous pouvez également choisir de faire des tartelettes individuelles.

Pour 8 personnes
1 boîte de foie de morue
250 g de filet de poisson
3 œufs
25 cl de crème fraîche
75 g de mie de pain rassis
1 cuillerée à café de gingembre

1/2 cuillerée à café de cannelle
1 pincée de poivre long broyé
sel

Saulce vert d'espices - Sauce verte

« *Broyez trebien gingembre, clo, graine et ostez du mortier. Puis broyez percil ou salemonde, ozeillz, marjolaine ou l'un des deux des quatre, et de la mye de pain blanc trempé en vertjus et coulez et rebroyez tresbien. Puis recoulez et mectez tout ensemble et assavourez de vinaigre. Nota que pour toutes espices pluseurs n'y mectent fors des feuilles de romarin.* /

Broyez bien du gingembre, un clou de girofle et de la graine de paradis et ôtez du mortier. Broyez du persil, de la benoîte, de l'oseille, de la marjolaine ou l'un des quatre ou deux des quatre avec de la mie de pain trempée dans du verjus, passez à l'étamine et broyez une nouvelle fois. Passez une deuxième fois à l'étamine, mélangez le tout et assaisonnez avec du vinaigre. Notez que certains en manière d'épices ne mettent que du romarin ».

Faites infuser les herbes et les épices dans le vinaigre et l'eau. Si vous désirez une sauce au goût acide, augmentez la quantité de vinaigre et ne mettez pas d'eau. Ôtez-les du liquide. Broyez-les et passez le liquide et les herbes à l'étamine. Salez, poivrez.

15 cl de vinaigre de vin blanc
10 cl d'eau
1 pincée de gingembre
1 clou de girofle
1 pincée de graines de paradis
1/2 bouquet de persil
8 feuilles d'oseille
10 feuilles de marjolaine
sel, poivre

Le vinaigre, Le livre des simples médecines. (Paris BNF. 6593 fol. 52v.)

Cretonnée de fèves nouvelles ou de pois nouveaux - Purée de fèves nouvelles ou de pois nouveaux

« *Cuisiez-les jusques au purer et les purez, puis prenez lait de vache bien frais [...]. Et icelluy lait boulez premièrement et avant que vous y mettez riens, car encores tourneroit-il : puis broiez premièrement gingembre pour donner appétit, et saffran pour jaunir : jàsoit-ce que qui le veult faire lyant de moieulx d'oeufs filés dedans, iceulx moieulx d'oeufs jaunissent assez et si font lioison [...]. Et pour ce, qui veult lier de pain, il convient que ce soit pain non levé et blanc, et sera mis tremper en une escuelle avec du lait ou avec du boullon de la char, puis broyé et coulé par l'estamine ; et quant vostre pain est coulé et vos espices non coulées, mettez tout boulir avec vos pois ; et quant tout sera cuit, mettez adonc vostre lait et du saffren.* / Faites-les cuire jusqu'à ce qu'elles soient très molles, écrasez-les et prenez du lait de vache bien frais. Faites-le bouillir avant d'y mettre quoi que ce soit, car il pourrait tourner. Broyez du gingembre qui donne de l'appétit et du safran pour la couleur. Certains choisissent des jaunes d'œufs à la place du safran et ils donnent également de la couleur. Pour ceux qui veulent lier avec le pain, il faut du pain blanc non levé que l'on fait tremper dans une écuelle avec du lait ou du bouillon de viande, puis broyé et passé par l'étamine. Et quand ce sera fait, mettez tout à bouillir avec les épices, ajoutez les pois ou les fèves. Quand tout sera cuit, ajoutez le lait et le safran ».

2 kg de fèves fraîches donnent 500 g de fèves écossées et dérobées. Plongez les fèves dans une grande quantité d'eau bouillante salée pendant 15 minutes. Égouttez-les. Passez-les au moulin à légumes. Faites tremper le pain dans 10 cl de lait, broyez-le. Faites bouillir le lait, ajoutez le pain, les fèves et le gingembre. Salez, poivrez. Portez à ébullition et faites cuire 30 minutes à petit bouillon en remuant de temps en temps. Surveillez pour que l'appareil n'accroche pas. Au moment de servir, ajoutez hors du feu deux jaunes d'œufs battus.

Pour 6 personnes
500 g de fèves écossées et dérobées
50 cl de lait
50 g de mie de pain
1 pincée de gingembre
2 jaunes d'œufs
sel, poivre

La récolte des fèves, Tacuinum Sanitatis, Allemagne, XVe *siècle.* (Paris BNF. Latin 9333 fol. 47.)

Chappon, froide sauge - Poule à la sauge

« *Pour faire une froide sauge, prenez vostre poulaille et mettez par quartiers, et la mettez cuire en eaue avec du sel, puis la mettez reffroidier : puis broyez gingembre, fleur de canelle, graine, giroffle, et broyez bien sans couler ; puis broyez du pain trempé en l'eaue des poucins, percil le plus, sauge et un pou de saffren en la verdure pour estre vertgay, et les coulez par l'estamine, (et aucuns y coulent des*

Cretonnée. (JMD)

moyeux d'oeufs durs) et deffaites de bon vinaigre : et icelles deffaites, mettez sur vostre poulaille, et avec et pardessus icelle poulaille mettez des oeufs durs par quartiers et gettez vostre sauce pardessus tout. Aliter, prenez le poucin et le plumez, puis le mettez boulir et du sel tant qu'il soit cuit, puis l'ostez et le mettez par quartiers reffroidier : puis mettez cuire des oeufs durs en l'eau, et mettez du pain tremper en vin et vertjus ou vinaigre, et autant de l'un comme de l'autre ; puis prenez du percil et de la sauge, puis broyez gingembre, graine, et coulez par l'estamine, et coulez les moyeux d'oeufs, et mettez des oeufs durs par quartiers dessus les poucins, et puis mettez vostre sauce pardessus./ Coupez la volaille en morceaux et faites-les cuire dans de l'eau salée. Laissez refroidir. Broyez du gingembre, de la fleur de cannelle, de la graine de paradis, du girofle, broyez bien mais ne passez pas à l'étamine. Broyez du pain trempé dans du bouillon de poussin avec le plus de persil possible et avec de la sauge. Ajoutez-y un peu de safran pour obtenir une couleur d'un vert clair (certaines personnes y mettent des jaunes d'œufs durs écrasés), passez le tout à l'étamine. Garnissez enfin avec des œufs durs coupés en quatre et nappez le tout avec la sauce. »

Chappon.

Froide sauce.

Faites pocher la poule dans un court-bouillon (poireaux, carottes, navets) jusqu'à ce qu'elle soit tendre (1 h 30 environ selon le poids). Ôtez-la, égouttez-la, réservez-la. Hachez finement les herbes. Faites tremper la mie de pain dans une petite quantité du bouillon. Ajoutez le jaune d'œuf cuit, les herbes et broyez. Mettez cet appareil dans une casserole avec 75 cl du bouillon dégraissé, ajoutez le vinaigre, les épices broyées ou en poudre, le sel, donnez un tour de bouillon et faites cuire quelques instants. Découpez la poule et disposez les morceaux dans une terrine allant au réfrigérateur. Versez l'appareil obtenu sur les morceaux de poule. Laissez reposer au réfrigérateur 2 jours. Démoulez et décorez avec des rondelles d'œufs durs. Vous pouvez, si vous le souhaitez, désosser les morceaux de poule.

1 poule
20 cl de vinaigre de vin blanc
1 cuillerée à café de gingembre en poudre
1/2 cuillerée à café de cannelle en poudre
1/2 de cuillerée à café de graines de paradis broyées
3 clous de girofle broyés
1 pincée de safran
40 g de mie de pain sec broyée
1/2 bouquet de persil
6 à 7 feuilles de sauge fraîches finement ciselées
1 jaune d'œuf dur + 3 œufs durs pour la présentation
sel

Navaiz en la paelle - Navets à la poêle

« *Navaiz sont durs et mal cuisans jusques a ce qu'ilz aient esté froit et a la gellée. L'en leur oste la teste, la queue et autres barbillons ou racines. Puis sont rez, puis lavez en deux ou troiz paires d'eaue chaude (bien chaudes) ; puis cuire en chaude eaue de char, soit porc, beuf ou mouton. Item en Beausse, puis qu'ilz sont cuiz, l'en les tronçonne et les frit en la paelle et gecte l'en pouldre pardessus.*/ Les navets sont durs et difficiles à cuire tant qu'ils ne sont pas restés au froid et sous les gelées. On leur coupe la tête, la queue, les barbes et les racines. Puis on les gratte et on les lave dans deux ou trois bains d'eau chaude (bien chaude). Ensuite, on les fait cuire dans un bouillon de viande, de porc, de bœuf ou de mouton. Ainsi en Beauce, une fois qu'ils sont cuits, on les coupe en rondelles et on les fait cuire à la poêle. On les saupoudre de la poudre d'épices ».

Pelez les navets, coupez-les en rondelles. Faites-les cuire 5 minutes dans de l'eau bouillante salée. Ôtez-les, égouttez-les. Mettez-les dans le bouillon de viande et continuez la cuisson pendant 15 minutes. Faites-les revenir ensuite à la poêle dans l'huile et saupoudrez-les de poudre fine.

Pour 6 personnes
600 g de navets
25 cl de bouillon de bœuf
1 cuillerée à soupe d'huile
1 cuillerée à café de poudre fine
sel

Roquefort, noix - Roquefort, noix

Présentez le roquefort accompagné de noix ou de fruits frais, des figues par exemple, selon la saison.

Ris engoulé - Riz au lait

« *Eslisez-le et le lavez en deux ou en trois paires de eaues chaudes, et mettez ressuer sur le feu, puis le mettez en lait de vache frémiant, et broyez du saffran pour le jaunir : deffait de vostre lait, et puis mettez dedans du gras du boullon de beuf. Se c'est à jour de poisson, n'y mettez pas eaue de char, mais en ce lieu mettez amandes bien forment broyées et sans couler ; puis succrer et sans saffren. Triez et lavez le riz dans deux ou trois bains d'eau chaude, mettez-le à s'évaporer sur le feu.*/ Versez-le ensuite dans du lait de vache frémissant, ajoutez du safran pour le jaunir, que vous délayerez dans le lait. Ajoutez pour

Marchand de raves. (Cris de Paris, BNF.)

Ris engoulé.

finir du gras de bouillon de bœuf. Si c'est un jour maigre, n'utilisez pas de bouillon de viande ; mettez à la place des amandes broyées très soigneusement mais sans les passer à l'étamine puis sucrez, ne mettez pas de safran ».

Utilisez de la poudre d'amandes. Lavez rapidement le riz. Faites bouillir une grande quantité d'eau et versez-y le riz. Laissez reprendre l'ébullition et faites cuire le riz 10 minutes. Ôtez-le de l'eau, égouttez-le et versez-le dans le lait bouillant. Couvrez mais pas entièrement de façon à éviter le débordement et laissez cuire à feu doux de 20 à 30 minutes. Hors du feu, ajoutez le sucre et la poudre d'amandes, mélangez. Servez tiède. Décorez avec des amandes effilées revenues à sec dans la poêle.

Pour 4 personnes
80 g de riz
50 cl de lait
50 g de poudre d'amandes
30 g de sucre
amandes effilées

Taillis - Pudding aux fruits secs et aux pommes

« *Prenez fins roisins, lait d'amandes bouli, eschaudés, galettes et croutes de pain blanc et pommes couppées par menus morceaulx quarrés, et faites boulir vostre lait, et saffren pour lui donner couleur, et du succre, et puis mettez tout ensemble tant qu'il soit bien liant pour tailler. L'en en sert en karesme en lieu de riz.*/ Prenez du raisin fin, du lait d'amandes bouilli, des échaudés, des galettes, des croûtons de pain blanc et des pommes coupées en morceaux carrés. Faites bouillir votre lait, ajoutez du safran pour le colorer et du sucre. Mélangez tout jusqu'à ce que le taillis soit assez consistant pour être coupé au couteau. On s'en sert en carême en guise de riz ».

Préparez le lait d'amandes. Donnez-lui un tour de bouillon. Laissez-le tiédir. Dénoyautez les dattes. Broyez le pain, coupez la pomme en dés ainsi que les figues et les dattes. Battez les œufs, ajoutez le sucre et le safran. Mettez cet appareil ainsi que les fruits et le pain dans le lait d'amandes et mélangez. Versez dans un moule style moule à cake et enfournez à 180° pendant 1 heure. Vérifiez la cuisson avec la pointe d'un couteau. Servez froid. Le taillis se conserve quelques jours dans une boîte en fer.

Pour 6 personnes
25 cl de lait d'amandes
25 g de sucre
1 ou 2 œufs selon la grosseur
170 g de pain blanc rassis
40 g de raisins secs
30 g de figues sèches
30 g de dattes
1 pomme
3 filaments de safran

Taillis.

Menus selon le *Form of Cury*

Menu N°1

First course
Tart in ymbre
Tarte des quatre Vents

Second course
Cawdel of salmon
Ragoût de saumon
Chebolace
Garniture d'herbes

Third course
Pommes dorrey
Pommes dorées
Ryse of flesh
Riz jour gras

Four course
Cheddar cheese
Fromage : cheddar
Hastletes of fruyt
Brochettes de fruits
Peeres in confyt
Poires en confit

Commentaires

Les recettes de l'ouvrage anglais le *Form of Cury* diffèrent très peu de celles de ses homologues français le *Viandier* et le *Mesnagier*. Les plats, sensiblement les mêmes, s'y retrouvent sous la même appellation, à peine traduite en anglais. L'influence de la France est incontestable dans la cuisine anglaise : les termes se rapportant aux viandes sont d'origine française. La viande du porc est « *pork* » alors que les Anglais utilisent le terme « *pig* » pour désigner l'animal. Il en est de même du « *beef* », le bœuf étant « *ox* », du veau « *veal* », l'animal étant « *calf* », « *mutton* » est la viande de l'animal « *sheep* ».

La distinction jour gras / jour maigre est elle aussi bien marquée. Ainsi dans le menu proposé, les auteurs de l'ouvrage notent les deux façons de cuisiner un même plat suivant le jour. Rappelons qu'au Moyen Âge, cent quarante jours, où la viande est interdite, sont imposés par l'Église.

Le menu débute avec *La Tart in ymbre*, la tarte des quatre Vents qui peut se déguster avec un bon vin du Rhin, les Anglais à cette époque l'appréciant particulièrement. Cette tarte marque bien l'influence de l'Église puisque son appellation fait référence à l'*Ecclésiaste* : il s'agit des quatre jours de jeûne déterminés à des dates fixes.

The Cawdel of salmon présente des similitudes avec la chaudumée, mets dont la recette est donnée dans le *Viandier* et le *Mesnagier*. Toutefois le maître queux anglais fait pocher le poisson au lieu de le faire frire et emploie du lait d'amandes à la place du vin et du verjus. Le *cawdel* est moins acide que la *chaudumée* et plaît beaucoup aujourd'hui.

La Chebolace est une garniture d'herbes. Dans certaines versions du *Form of Cury*, ce plat s'intitule « *cherbolace* », dérivé du substantif « herbes ». L'appellation « *chebolace* » vient de « *chebol* » signifiant l'oignon ou la ciboule, ingrédient essentiel qui entre dans la composition de ce mets. Seuls les jaunes d'œufs sont nécessaires à la réalisation de ce plat, les blancs seront utilisés pour donner la brillance aux pommes dorées, mets figurant dans le menu.

Les Pommes dorrey, pommes dorées, sont un mets représentatif de la cuisine médiévale pour plusieurs raisons. D'une part, leur cuisson est réalisée selon deux modes : elles sont d'abord cuites dans de l'eau puis rôties à la broche. La cuisson à la broche ne peut se réaliser que chez les princes et les seigneurs. Une broche est installée dans la cheminée, un jeune valet est chargé de la tourner régulièrement. Un goût plus délicat est ainsi recherché grâce à la combinaison des deux cuissons. D'autre part, les pommes dorées sont un exemple de mets déguisé : les boulettes de viande sont censées ressembler à des pommes, les maîtres queux se plaisant à contrefaire les aliments. Enfin les pommes dorées doivent satisfaire autant la vue que le palais. Les auteurs du *Form of Cury* recherchent la couleur dorée grâce au blanc d'œuf, au safran et à l'éclat que donne la flamme.

Le plat de riz qui accompagne la viande, *Ryse of flesh*, est un riz de jour gras. Il peut s'apparenter au *ris engoulé* des ouvrages culinaires français. Toutefois, il est plus conforme à nos goûts actuels car, contrairement au riz proposé dans le *Viandier* et dans le *Mesnagier*, le bouillon de viande est associé au lait d'amandes et non au lait de vache. Le safran lui confère la saveur et la couleur.

Le cheddar est un des fromages anglais les plus anciens, il date du XIIe siècle. Il n'est fabriqué que dans quelques fermes, ce qui fait que sa production est aujourd'hui limitée. Si vous avez des difficultés à en trouver, choisissez du comté au goût identique mais moins fort.

Les fruits sont présentés en brochettes ; le terme « *hastletes* » en ancien anglais ou « *hâtelet* » en ancien français est un dérivé de « *haste* » signifiant « lance ». Les brochettes sont comparées à des lances.

Le dessert, *Peeres in confyt*, les poires en confit, est une recherche de couleur et de parfums. La teinte foncée est donnée par les mûres, le blanc par le gingembre et le sucre. L'acidité du vin rouge est compensée par la suavité du vin blanc italien. Les maîtres queux anglais aiment le vin grec et le vin italien parce qu'ils sont sucrés ; choisissez donc un de ces deux vins pour accompagner les desserts.

L'oignon, Platearius. (Le livre des simples médecines. (Paris, BNF, Français 12322 fol. 162.)

Les épices utilisées sont préparées par avance par les maîtres queux ou vendues chez les apothicaires. Contrairement aux Français qui utilisent la poudre fine, les Anglais distinguent deux mélanges différents : la poudre douce ou la poudre forte, dont les recettes sont données dans l'introduction de cet ouvrage.

Tart in ymbre - Tarte des quatre vents

« *Take and parboile Oynouns presse out the water and hewe hem smale. Take brede and bray it in a morter. and temper it up with Ayren. do and butter, safroun and salt. and raisouns corauns. and a litel sugur with powdour douce. and bake it in a trape. and serue it forth.* / Faites bouillir les oignons, égouttez-les, émincez-les. Prenez du pain et broyez-le dans un mortier, détrempez-le avec des œufs, ajoutez du beurre, du safran, du sel ainsi que des raisins secs, un peu de sucre avec la poudre douce. Faites cuire au four dans un fond de tarte et servez aussitôt ».

Découpez quatre fonds de tarte d'un diamètre supérieur à celui de vos moules. Foncez les moules et faites cuire à blanc pendant 4 à 5 minutes dans un four à 180°. Émincez les oignons. Faites-les doucement suer dans un peu d'huile. Réservez-les. Broyez le pain, ajoutez les œufs battus, le beurre ramolli sur le feu, les oignons, les raisins secs, le persil, la sauge, le safran et le sel. Parfumez avec la poudre douce. Mettez cet appareil dans les tartelettes et faites cuire à four chaud pendant 30 minutes. Si vous le désirez, vous pouvez ajouter aux ingrédients cités 150 g de fromage à la saveur assez corsée.

Pour 4 personnes
1 pâte brisée
8 petits oignons
50 g de mie de pain

Tart in ymbre.

3 œufs
25 g de beurre
1 cuillerée à café de persil haché
1/2 cuillerée à café de feuilles de sauge sèches
30 g de raisins blonds
1/2 dose de safran
1 cuillerée à café de poudre douce
sel, poivre

Cawdel of salmon - Saumon en sauce

« *Take the guttes of Samoun and make hem clene. Perboile hem a lytell. Take hem up and dyce hem. Slyt the white of Lekes and kerue hem smale. Cole the broth and do the lekes therin with oile and lat it boile togyd yfere. Do the Samoun icorne therin, make a lyour of Almaundes mylke and of brede and cast therto spices, safroun and salt, seep it wel. And loke that it be not stondyng.* / Nettoyez le saumon en enlevant les tripes. Faites-le bouillir un peu. Enlevez-le et coupez-le en tranches. Coupez le blanc des poireaux, émincez-le, laissez refroidir le bouillon, ajou-

Cawdel of Salmon.

tez les poireaux avec de l'huile et faites bouillir pendant un moment. Mettez-y le saumon et faites une liaison avec du pain, des épices, du safran et du sel. Laissez bouillonner mais prenez soin que le mélange ne soit pas trop épais ».

Suivant le nombre de personnes vous pouvez réaliser cette recette avec un saumon entier ou des darnes. Les darnes ont été choisies dans cette réalisation. Préparez le lait d'amandes. Faites cuire les darnes dans un court-bouillon. Ôtez-les. Si vous avez un saumon entier, attendez qu'il refroidisse pour enlever l'arête et le couper en tranches. Émincez les blancs des poireaux. Mettez-les dans une poêle avec l'huile et faites-les suer doucement sans coloration. Mixez la mie de pain et les poireaux dans 25 cl du court-bouillon. Versez cet appareil dans une cocotte avec le lait d'amandes et le gingembre. Salez. Mélangez bien, donnez un tour de bouillon. Réduisez le feu, ajoutez les darnes de saumon et le safran. Laissez mijoter jusqu'à ce que la sauce s'épaississe. Servez aussitôt.

Pour 4 personnes
4 darnes de 150 à 180 g par personne
1 court-bouillon
2 poireaux
2 cuillerées à soupe d'huile
25 cl de lait d'amandes
60 g de mie de pain
1 dose de safran
1 pincée de gingembre
sel

Chebolace - Garniture d'herbes

« *Take Oynouns and erbes and hewe hem small and do they to gode broth. And aray it as you didest caboches. If they be in fyssh day. Make on the same maner with water and oyle. And if it be not in Lent alye it with zolkes of Eyren. And dresse it forth and cast theron to powdour douce.* / Prenez des oignons et des herbes et coupez-les finement. Mettez-les ensuite dans un bon bouillon comme vous l'avez fait pour les choux. S'il s'agit d'un jour maigre, mettez le tout dans de l'eau et de l'huile. Si c'est un jour gras, utilisez des jaunes d'œufs et servez avec de la poudre douce ».

Faites chauffer le bouillon de poule. Émincez les oignons, coupez finement les herbes. Mettez le tout dans le bouillon. Salez. Laissez cuire 45 minutes. Hors du feu, ajoutez les jaunes d'œufs battus en remuant constamment. Saupoudrez de poudre douce juste avant de servir. Mélangez.

Pour 4 personnes
50 cl de bouillon de poule
6 oignons
1 bouquet de persil
1 branche de thym
10 feuilles de sarriette
5 feuilles de sauge
3 feuilles de menthe
2 jaunes d'œufs
1 cuillerée à café de poudre douce
sel

Pomme dorrey - Pommes dorées

« *Take the lire of Pork rawe. And grynde it smale. Medle it up with powdre fort, safroun, and salt, and do therto Raisouns of Coraunce, make balles therof. And wete it wele in white of ayrenn. and do it to seep in boillyng water. Take hem up and put hem on a spyt. Rost hem wel and take parsel ygronde and wryng it up with ayren and a party of flour. And lat erne aboute the spyt. And if you wilt, take forn parsel safroun, and serue it forth.*/ Prenez un filet de porc cru et broyez-le. Ajoutez la poudre forte, du safran, des raisins secs et salez. Confectionnez des balles. Lissez-les avec du blanc d'œuf brillant et plongez-les dans de l'eau bouillante. Quand elles sont cuites, disposez-les sur des brochettes et faites-les rôtir. Faites une mixture avec du persil, la farine, les blancs d'œufs et faites dorer jusqu'à ce que les balles soient dorées. Autrement vous pouvez faire un mélange de blancs d'œufs, de farine, de safran et servez aussitôt ».

Chebolace.

Pomme dorrey.

Séparez les blancs des jaunes. Broyez la viande de porc. Mélangez-la avec les raisins secs, les jaunes d'œufs battus, le persil haché et la mie de pain émiettée. Ajoutez le safran et la poudre forte. Façonnez des boulettes, roulez-les dans la farine. Badigeonnez-les avec les blancs d'œufs. Plongez-les dans une marmite contenant de l'eau bouillante salée. Laissez-les cuire quelques minutes. Ôtez-les de la marmite, égouttez-les. Disposez-les sur des brochettes et faites-les griller. Tournez et retournez les brochettes jusqu'à ce qu'elles soient dorées.

Pour 4 personnes
300 g de porc haché
30 g de raisins blonds
1 dose de safran
3 œufs
50 g de mie de pain
1 cuillerée à soupe de farine
1 cuillerée à soupe de persil haché
poudre forte
sel

Ryse of flesh - Riz de jour gras

« *Take Ryse and waishe hem clene. And do hem in erthen pot with gode broth and lat hem seep wel. Afterward take Almaund mylke and do therto. And colour it with safroun an salt, an messe forth.* / Pre-

nez du riz et lavez-le bien et mettez-le dans un pot avec du bouillon déjà préparé et laissez-le cuire. Ensuite, prenez du lait d'amandes et laissez-le cuire. Colorez-le avec du safran, salez et servez tout de suite ».

Préparez le lait d'amandes. Versez le riz dans le bouillon de bœuf bouillant et laissez mijoter jusqu'à ce qu'il soit cuit. Ajoutez par petites quantités le lait d'amandes. Remuez jusqu'à ce que le lait soit absorbé. Au dernier moment, salez et mettez le safran.

Pour 4 personnes
125 g de riz
50 cl de bouillon de bœuf
20 cl de lait d'amandes
1 dose de safran
sel

Cheddar cheese.

Cheddar cheese - Fromage : cheddar
Présentez le cheddar avec des noix et des pignons de pin.

Hastletes of fruyt - Brochettes de fruits
« *Take Fyges iquarterid. Raysouns hool dates and Almandes hoole. and ryne hem on a spyt and roost hem. And endore hem as pomme dorryes and serue hem forth.* / Prenez des quartiers de figues, des raisins, des dattes et des amandes. Disposez-les sur des brochettes et faites-les rôtir et dorer comme les pommes dorées et servez aussitôt ».

Coupez les pommes en quartiers. Faites macérer les fruits dans un alcool de fruits pendant 1 heure. Égouttez-les. Disposez les fruits sur les brochettes en intercalant les fruits. Mettez les brochettes à dorer sur le feu ou sur un gril très chaud préalablement huilé. Dressez-les sur un plat, badigeonnez-les avec le jus de la marinade.

Pour 12 brochettes
2 pommes
12 dattes dénoyautées
8 figues fraîches
12 grains de raisins frais

Peeres in confyt - Confit de poires
« *Take peeres and pare hem clene. Take gode rede wyne and mulberes other saundres and seep the*

Hastletes of fruyt. Brochettes de fruits.

Peeres in confyt.

peeres therin and when they buth ysode, take hem up, make a syryp of wyne greke. Other vernage with blaunche powdour other white sugur and powdour gyngur and do the peres therin. Seep it a lytel and messe it forth. / Prenez des poires et nettoyez-les. Ayez un bon vin rouge et des mûres et mélangez avec les poires. Prenez ensuite un sirop fait de vin blanc italien avec de la poudre blanche composée de sucre blanc et de gingembre et plongez-y les poires dedans. Égouttez un peu et servez aussitôt ».

Pelez les poires, ôtez le trognon et les pépins. Dans une casserole, versez le vin rouge, ajoutez les poires, les mûres et le sucre. Faites cuire à feu doux pendant 1 heure, la fourchette doit entrer dans les poires. Retirez les poires du liquide en les égouttant bien. Broyez les mûres au mixeur. Réservez. Dans une petite casserole, versez le vin blanc, le sucre et le gingembre. Amenez à ébullition et faites réduire en sirop pendant 30 minutes en surveillant. Versez cette préparation sur les poires recouvertes de mûres. Dégustez plutôt tiède.

Pour 4 personnes
4 poires
250 g de mûres
50 cl de vin rouge fruité
25 g de sucre
1 cuillerée à café de gingembre
Sirop de sucre :
25 cl de vin blanc doux
25 g de sucre

Menu N° 2

Tostées with wine
Toasts au vin de Bourgogne ou de Bordeaux

First course
Tart of Bry
Tarte au fromage de Brie
Salat
Salade variée

Third course
Mortrews of fyssh
Pain de poisson

Third course
Connyng in cyrip
Lapin en sirop

Chyches
Pois chiches

Forth course

Tartys in applis
Tarte aux pommes
Darioles
Darioles

Commentaires

Ce menu comporte une originalité : la recette de la salade variée. Ce plat si commun aujourd'hui ne se relève que dans l'ouvrage anglais *Form of Cury*. En effet, au Moyen Âge, les légumes et les fruits se consomment cuits et non crus. Il faut en France attendre Louis XIV et le jardinier La Quintinie pour que les légumes crus entrent dans l'alimentation. Cette recette de salade mérite donc d'être relevée.

Le menu débute avec des *Tostées with wine*, toasts au vin de Bourgogne ou de Bordeaux. Il s'agit de tranches de pain nappées de miel ayant cuit dans du vin. Le goût à la fois poivré et sucré du gingembre s'accorde bien avec la réduction de vin, elle aussi, poivrée et sucrée. Le miel est un ingrédient que les Anglais affectionnent tout particulièrement. Rappelons que l'habitude de tremper le toast dans le vin à la santé de quelqu'un est familière à l'homme médiéval. Choisissez un vin blanc doux en accompagnement, le même que celui que vous employez pour la réalisation de la recette.

The Tart of Bry est une tourte au fromage de Brie, c'est dire si ce fromage, comme le parmesan, dépasse les frontières de son pays d'origine. La Brie est une province qui, au Moyen Âge, fournit le fromage à la capitale et l'exporte en Europe grâce aux échanges commerciaux.

The Salat, la salade variée, est un exemple pour la composition d'une salade aujourd'hui. Il est vrai que depuis quelques années nous avons redécouvert le goût de différentes variétés de salades mais la salade proposée sait associer toutes les saveurs des légumes et des herbes.

Les Mortrews of fyssh sont un pain de poisson. Le terme « mortrew » est un dérivé du mot « mortier », ustensile présent dans tous les foyers. Les ingrédients du pain de poisson sont pilés dans un mortier, ce qui explique son appellation. Les poissons : hadock, cabillaud sont parmi les plus consommés au Moyen Âge. Le hadock est le terme spécifique de l'aiglefin lorsqu'il est fumé et séché ; il en est de même pour le mot cabillaud que l'on emploie lorsqu'il s'agit de poisson frais, la morue étant le poisson salé.

La recette du *Connyng in cyrip*, lapin en sirop, est attrayante. Elle est révélatrice du penchant des Anglais pour les mets sucrés puisque le lapin est cuisiné avec un vin blanc grec et des raisins secs. Choisissez un muscat de Samos au goût fort agréable que vous pourrez également déguster avec le plat. Une pointe d'acidité est apportée par le vinaigre.

Chyches, les pois chiches prouvent que cet ouvrage culinaire anglais n'est pas réservé qu'à la classe sociale supérieure, les maîtres queux s'intéressant à des légumineuses qui, en fait, sont l'ordinaire des pauvres

Les raisins secs, Tacuinum Sanitatis. (Paris, BNF, ms. fr. 9333, fol. 54.)

gens. Notons la présence de l'ail, davantage utilisé dans la cuisine anglaise que dans la cuisine française, du moins dans les livres de recettes.

Tartys in applis, tarte aux pommes. Dans ce dessert, fruits frais et fruits secs sont associés, ce qui lui donne toute son originalité aujourd'hui mais qui était très courant au Moyen Âge.

Les *darioles* sont des petites tartes en pâte brisée garnies de crème. Les maîtres queux insistent sur la hauteur du moule, « *two inches* » le pouce représentant 2 cm 54. Par la suite, le terme dariole ne s'appliquera plus à une pâtisserie mais au moule qui sert à la fabrication de petits cakes, de flans et autres compositions. Les darioles sont parfumées avec de la cannelle ou du safran. La recette proposée permet de réaliser deux entremets : l'un parfumé à la cannelle, l'autre au safran. Les couleurs sont différentes, la cannelle donne des tons bruns, le safran une jolie teinte jaune.

<u>*Tostées with wine*</u> - Toasts au vin

« *Take wyne and hony and found it togyder and skym it clene. And seep it long, do therto powdour of gyngur. Peper and salt, tost brede and lay the sew therto. Kerue pecys of gyngur and flour it therwith and messe it forth.* / Prenez du vin et du miel, mélangez et écumez. Ajoutez de la poudre de gingembre, du poivre, du sel. Étalez le mélange sur des tranches de pain. Ayez des morceaux de gingembre confit et servez aussitôt ».

Dans une casserole, faites chauffer le vin et le miel pendant 30 minutes sur feu doux, jusqu'à ce que la réduction soit faite. Écumez de temps en temps. Hors du feu, ajoutez le gingembre et le poivre. Mélangez bien. Coupez le gingembre confit en morceaux très fins. Étalez l'appareil précédent sur les tranches de pain et décorez-les de gingembre confit. Servez-les tièdes.

Pour 4 personnes
8 tranches fines de pain
50 cl de vin blanc doux
50 cl de miel liquide
1/2 cuillerée à café de gingembre

1 pincée de poivre blanc
10 morceaux de gingembre confit

Tarte de Bry - Tarte de brie

« Take a Crust ynche depe in a trape. Take zolkes of Ayren rawe and chese ruayn. and medle it and the zolkes togyder. And do therto powdourgyngur. Sugur. Safroun. And salt. Do it in a trape, bake it and serue it forth. / Prenez une abaisse de pâte, des œufs et du fromage, mélangez le tout et ajoutez de la poudre d'épices, du sucre, du safran et du sel. Placez le mélange dans l'abaisse, faites cuire au four ».

Beurrez un moule. Garnissez-le avec une abaisse de

Tarte de Bry.

pâte. Placez au-dessus des fèves sèches pour éviter qu'elle gonfle. Préchauffez le four, faites-la cuire à blanc pendant 10 minutes. Enlevez la croûte du brie. Faites fondre le fromage au bain-marie. Vous devez obtenir une crème. Cassez les œufs, séparez les blancs des jaunes. Montez les blancs en neige ferme. Ajoutez les jaunes au fromage avec le gingembre, le sucre et le sel. Mélangez bien le tout de façon à obtenir une crème homogène. Incorporez délicatement les blancs. Versez cet appareil dans l'abaisse de pâte. Faites cuire à four chaud pendant 30 minutes jusqu'à ce que la tarte ait une jolie couleur dorée.

Pour 8 personnes
1 pâte brisée
150 g de brie
2 œufs
1 pincée de gingembre
1 pincée de sel
1 pincée de sucre
beurre pour le moule

Salat - Salade variée

« Take persel, sawge, garlec, chibolles, oynouns, leek, borage, myntes, porrectes, fenel and ton tressis, rew, rosemarye, purslarye, laue and waische hem clene, pike hem, pluk hem small wipe them honde and myng hem wel with rawe oile. Lay on vynegur and salt, and serue it forth. / Prenez du persil, de la sauge, de l'ail, des ciboules, des oignons, du poireau, de la bourrache, de la menthe, du navet, du fenouil, et coupez en petits morceaux. Ajoutez de la rue, du romarin et faites de même. Lavez bien, essorez, coupez encore des carottes et mélangez avec de la bonne huile crue. Ajoutez du vinaigre, salez et servez aussitôt ».

La rue est une plante que l'on n'utilise plus en cuisine car son goût est trop amer, elle est aussi cause de troubles stomacaux.

Lavez les herbes et les légumes. Coupez-les menu. Assaisonnez avec l'huile et le vinaigre. Salez.

Pour 4 personnes
1/2 bouquet de persil
3 feuilles de sauge
1/2 gousse d'ail
2 ciboules
1 petit oignon
1 blanc de poireau
1 navet
1 fenouil
2 brins de romarin
1 carotte
2 cuillerées à soupe d'huile
1 cuillerée à café de vinaigre
sel, poivre

Mortrews of fyssh - Pain de poisson

« Take codlyng, haddok, of hake and lynours with the rawnes and seep it wel in water. pyke out the bones, grynde smale the Fysshe, drawe a lyour of almaundes and brede with the self broth. and do the Fysshe grounden therto. and seep it and do therto powdour fort, safroun and salt, and make it stondyng. / Prenez de la morue, du hadock, de la laitance et nettoyez tout dans de l'eau. Enlevez les arêtes, coupez menu les poissons, mettez-les dans du lait d'amandes et ajoutez du pain. Ôtez les poissons, égouttez-les, ajoutez de la poudre forte, du safran, du sel et dressez-les dans un plat ».

Préparez le lait d'amandes. Passez les poissons au mixeur pour les hacher. Réservez. Passez le pain au mixeur. Broyez le persil. Faites tremper le pain dans le lait d'amandes. Mélangez le hachis de poisson, le pain, le persil et les œufs battus. Salez, poivrez, aromatisez avec la poudre forte, colorez avec le safran. Réservez au réfrigérateur. 1 heure avant le repas, allumez le four, thermostat 6. Beurrez un moule ou une terrine. Remplissez avec la farce. Enfournez 40 minutes. Ce pain peut se déguster chaud ou froid. Si vous le mangez froid, vous pouvez y associer une sauce verte.

Pour 4 à 6 personnes
15 cl de lait d'amandes
200 g de filet de cabillaud
200 g de filet d'aiglefin
3 œufs
100 g de pain de mie
1/2 de bouquet de persil
1 cuillerée à café de poudre forte
1 dose de safran
sel, poivre

Connyng in cyrip - Lapin en sirop

« *Take Connynges and seep hem wel in good broth. take wyne greke and do therto with a porcioun of vyneger and flour of canel, hoole clowes quybibes hoole, and other gode spices with raisouns coraunce and gyngyner ypared and ymynced. take up the conynges and smyte hem on pecys and cast hem into the Siryppe and seep hem a litel on the fyre and sue it forth.* / Prenez des lapins et plongez-les dans un bon bouillon. Ayez du vin grec et ajoutez une portion de vinaigre, de la fleur de cannelle, des clous de girofle et autres bonnes épices avec des raisins de Corinthe, du gingembre frais râpé. Ôtez les lapins et faites un sirop. Remettez sur le feu un moment et servez aussitôt ».

Découpez le lapin. Faites revenir les morceaux dans un peu de matière grasse. Versez le bouillon et laissez mijoter à couvert jusqu'à ce que les morceaux soient presque cuits. Versez le vin et le vinaigre. Ajoutez les épices, les raisins de Corinthe et salez. Faites cuire à feu doux pendant 30 minutes. Ôtez les morceaux et faites réduire le liquide en sirop. Présentez le lapin nappé de sauce.

Pour 4 personnes
1 lapin
2 cuillerées à soupe d'huile
25 cl de bouillon
25 cl de vin blanc grec (vin de Samos par exemple)
2 cuillerées à soupe de vinaigre de vin blanc
60 g de raisins de Corinthe
1/2 cuillerée à café de cannelle
3 clous de girofle
1 poivre long broyé
1/2 cuillerée à café de graines de paradis
1 pincée de gingembre
sel

Chyches - Pois chiches

« *Take chiches and wry hem in ashes all nyzt, after lay hem in hoot aymers, at morrowe, waisshe hem in clene water and do hem ouer the fire with clene water. seep hem up and do therto oyle, garlec, hole safroun. powdour fort and salt, seep it and messe it forth.*/ Prenez des pois chiches, faites-les tremper toute une nuit et le lendemain matin égouttez-les et mettez-les dans une eau claire et faites cuire. Égouttez-les et mettez-les dans de l'huile avec de l'ail, du safran, de la poudre forte, du sel et servez aussitôt ».

Faites tremper les pois chiches toute une nuit dans une grande quantité d'eau salée. Égouttez-les le lendemain. Mettez-les avec l'oignon dans une marmite remplie d'eau froide, portez à ébullition et laissez cuire au moins 2 heures. Ôtez-les, égouttez-les et versez-les dans une poêle. Faites-les revenir dans l'huile et ajoutez les épices. Salez, poivrez. Laissez mijoter quelques instants. Au dernier moment, ajoutez l'ail finement haché. Faites revenir quelques minutes.

Pour 4 personnes
500 g de pois chiches
1 oignon
2 cuillerées à soupe d'huile
2 gousses d'ail
1 cuillerée à café de poudre forte

Connyng in cyrip.

1 dose de safran
sel, poivre

Tartys in applis - Tarte aux pommes

« *Tak gode Applys and gode Spycis and Figys and reysons and Perys and wan they are wel ybrayed colourd wyth Safroun wel and do yt in a cofyn and do yt forth to bake wel.* / Prenez des pommes, de bonnes épices, des figues, des raisins et des poires. Quand les fruits sont coupés, colorez avec du safran et mettez dans une pâte. Faites cuire au four ».

Pelez et enlevez les pépins des fruits ainsi que les trognons. Préchauffez le four. Coupez les fruits en petits dés. Foncez un moule à tarte, disposez les fruits dans la pâte. Mélangez le sucre, la cannelle et le safran, saupoudrez les fruits. Coupez le beurre en petits morceaux que vous mettez au-dessus de l'appareil. Faites cuire à four chaud pendant 40 minutes. Couvrez en cours de cuisson d'une feuille de papier sulfurisé.

Pour 6 personnes
1 pâte brisée
2 pommes
1 poire
30 g de raisins de Corinthe
30 g de figues sèches
20 g de de sucre
1/2 de cuillerée à café de cannelle
1/2 de cuillerée à café de muscade râpée
1/2 de cuillerée à café de sel
1/2 de cuillerée à café de clous de girofle
1 pincée de safran
25 g de beurre

Darioles - Darioles

« *Take Creme of Cowe mylke. Other of Almandes. Do therto ayren with sugur, safroun, and salt, medle it yfere. Do it in a coffyn. Of II. Ynche depe. Bake it wel and serue it forth.* / Prenez de la crème de lait, de la poudre d'amandes, ajoutez du sucre, du safran et du sel, mélangez bien le tout. Placez l'ensemble dans une abaisse de pâte de 2 pouces de hauteur et faites cuire au four ».

Préparez la crème en mélangeant tous les ingrédients sauf les épices. Divisez la quantité de crème en deux parts. Dans chacune d'elles, mettez soit la cannelle soit le safran. Mélangez. Abaissez la pâte brisée. Foncez les petits moules. Préchauffez le four. Faites cuire à blanc pendant 10 minutes. Disposez la crème dans les moules. Enfournez à 180°, thermostat 6, pendant 20 minutes.

Pour 4 personnes
1 pâte brisée
crème :
25 cl de crème fluide
2 œufs
80 g de sucre
80 g d'amandes en poudre
1 cuillerée à café de cannelle ou 1 dose de safran

Darioles.

(EG)

Menu selon le *Fait de cuisine* de Maître Chiquart

Menu

Tostées a reblochon
Toasts au reblochon

Primier servir

Broet de Savoye
Brouet de Savoie
Avoine en potage
Potage d'avoine

Secunde assise

Broet d'Alamaniz
Brouet d'Allemagne
Porriaux blans
Poireaux blancs

Derrenierement

Maroilles
Maroilles
Emplumeus de pomes
Compote de pommes
Flons de lait d'amendres
Flans au lait d'amandes
Massepans
Massepains

Commentaires

Les banquets, lors la fête donnée par Amédée VIII de Savoie retranscrite par le maître queux Chiquart, sont prestigieux. Ils sont essentiellement composés de viandes (bœufs, porc, moutons entiers), de volatiles, de gibier et de poissons. Ils comportent peu de plats de légumes.

Ce menu propose deux brouets, l'un au poisson, le *broet de Savoye*, l'autre à la viande, *le broet d'Alamaniz*. Au Moyen Âge, le brouet est un mets fort en vogue. On en relève les recettes dans tous les ouvrages « *broet balnc, broet d'Alamaniz, broet de Savoye, broet camelin, le broet rossee…* » réalisés à partir de viandes ou de poissons. La préparation est la même pour tous ainsi que les ingrédients utilisés, seule la couleur les différencie. Le terme « brouet » est un dérivé de « breu » sorte de bouillon qui est d'origine germanique. En effet, le peuple des Germains faisait une place importante à la soupe dans sa nourriture alors que les Romains ne la connaissaient pas.

Le manuscrit de l'ouvrage n'est accessible à tous que dans sa traduction en langue anglaise et le texte originel n'est pas publié, seules quelques recettes typiques sont éditées en ancien français. Ainsi parmi les recettes choisies, deux seulement sont proposées en ancien français avec leur traduction en français moderne, les autres sont traduites à partir de documents en langue anglaise.

Commencez avec la dégustation du reblochon et goûtez en même temps le vin de la région. Le reblochon, fabriqué dans la vallée de Thônes en Haute-Savoie, est un témoignage de l'habileté des paysans. Devant payer le loyer des terres en reversant au propriétaire une quantité fixée de lait, les paysans de la région de Savoie ne traient pas complètement les vaches lorsque les envoyés des seigneurs viennent vérifier. Une fois l'officier parti, ils font « la re-bloche », la deuxième traite, qui est alors employée à fabriquer le reblochon. Dans le patois savoyard « *blocher* » signifie « pincer le pis de la vache » et le préfixe « re » exprime qu'il s'agit d'une deuxième fois. Le reblochon, fromage à pâte molle et à croûte lavée, a un léger goût de noisette.

Le Broet de Savoye, le brouet de Savoie, est un brouet de couleur verte, la sauce étant réalisée à partir d'herbes. L'acidité est obtenue par l'association de vin et de vinaigre. Cette sauce est bien dans l'optique médiévale à la fois par la couleur et par la saveur. Servez le même vin blanc qui vous a servi à la réalisation de ce mets.

L'avoine est une céréale largement consommée au Moyen Âge. Aujourd'hui, elle est délaissée, toutefois on peut l'acheter dans les magasins de diététique ou dans les épiceries spécialisées. Aldobrandino da Siena (Aldebrandin de Sienne) dans Le Régime du corps lui consacre un paragraphe : « *Avainne et espiautre sont froit et sech […] et valent à user plus assés à chiaus qui ont caude natureque à ciaus qui l'ont froide. Prendés ferine d'avainne et d'espiautre et le mellés avoec couleure de bren de forment à ewe caude et à candi, et à penides, et à .iiij. moieus d'uès, et faites cuire à maniere de grumiel, et faites user à chiaus qui encrassier welent et ki por caudes maladies sont amagri.* / L'avoine et l'épeautre sont froids et secs […] seuls les hommes qui ont une nature chaude peuvent en user plutôt que ceux qui sont de nature froide. Prenez de la farine d'avoine et d'épeautre et mélangez-les avec la farine de froment. Mettez le tout dans de l'eau chaude et du sucre avec des œufs et faites cuire comme un gruau et donnez-en à ceux qui ont des problèmes de santé et qui sont amaigris à cause des maladies ».

Le broet d'Alamaniz, brouet d'Allemagne, est un grand classique de la cuisine médiévale. On le relève dans tous les ouvrages, toutefois c'est dans le *Fait de cuisine* qu'il est décrit avec le plus de précisions.

Les poireaux sont des légumes particulièrement consommés au Moyen Âge. La recette des *Porriaux blans*, poireaux blancs, est assez singulière dans l'ouvrage de Maître Chiquart car les épices n'y figurent pas. Elle est caractéristique d'une cuisine médiévale qui garde aux aliments leur goût, contrairement à l'image stéréotypée qui a été longtemps la sienne.

Le fromage choisi pour ce menu est le maroilles. Il s'agit d'un fromage ayant une saveur corsée et une

L'avoine, Platearius, Le Livre des simples médecines. (Paris BNF, Français 12322, fol. 178.)

odeur caractéristique. C'est un fromage fabriqué dans le Nord par les habitants des villages de Marbaix, de Tisnières, de Noyelles et de Maroilles qui transforment le lait en fromage le jour de la Saint-Jean ; ils doivent ensuite le porter à l'abbaye cent jours plus tard pour la Saint-Rémi. En effet, les religieux de l'abbaye de Maroilles exigent cette contribution de fromages pour que les villageois puissent laisser leurs bêtes paître dans les champs.

L'emplumeus de pomes : la compote de pommes. Cette recette se trouve dans le dernier chapitre du recueil consacré aux mets à préparer pour les malades. Toutefois, elle renouvelle notre façon actuelle de faire une banale compote de pommes par l'utilisation du lait d'amandes. Choisissez des pommes tendres et sucrées.

Les Flons de lait d'amendres, les flans au lait d'amandes, sont cuits dans une pâte. Ils sont fabriqués par les maîtres queux puisque les seigneurs possèdent un four et par les *pastissiers* qui ont le monopole de tout ce qui cuit dans une croûte.

Les massepains sont des desserts de fête et sont bien dans l'ambiance des banquets de Maître Chiquart. Le mot « massepan », devenu « massepain » au cours du siècle, a une histoire originale. Le massepain est d'abord une monnaie, frappée à l'effigie du Christ assis, que les Croisés et marchands occidentaux ont l'habitude d'utiliser en Orient. Les Vénitiens imitent cette pièce et comme ils lèvent une redevance sur les habitants de l'île de Chypre, le mot massepain devient synonyme de redevance, puis il s'applique à la boîte

Tostées a reblochon.

elle-même qui contient cette redevance. En France, au XIVᵉ siècle, le mot garde le sens de boîte de luxe pour confiseries et épices, ce n'est qu'au XVIᵉ siècle qu'il désignera le gâteau qui est à l'intérieur.

Tostées a reblochon - Toasts au reblochon

Découpez de larges tranches de pain de campagne. Disposez sur une face 1 tranche de jambon cru de Bayonne par exemple et quelques lamelles de reblochon. Passez le tout au four pendant 5 minutes. Servez avec un vin blanc de Savoie.

Pour 4 personnes
4 tranches de pain
4 tranches de jambon cru
1/4 de reblochon

Broet de Savoye - Brouet de Savoie

Faites frire les poissons. Réservez-les au chaud. Ouvrez une petite boîte de pois, prélevez le jus. Émiettez la mie de pain et faites-la tremper dans le jus de pois additionné du vin et du vinaigre. Lavez les herbes, pressez-les entre vos mains pour les égoutter, broyez-les. Ajoutez-les à l'appareil précédent. Mettez tout dans une casserole, ajoutez les épices. Délayez-les, salez, donnez un tour de bouillon et laissez cuire à feu doux quelques minutes en surveillant que la sauce n'attache pas. Versez la sauce sur les poissons. Décorez avec les graines de grenades si la saison le permet.

Broet de Savoye.

Pour 4 personnes
4 filets de poissons ou 4 petits poissons style truites.
50 g de mie de pain blanc
25 cl de jus de pois
30 cl de vin blanc
2 cuillerées à soupe de vinaigre de vin blanc
1/2 bouquet de persil
4 feuilles de sauge
2 brins d'hysope
2 tiges de marjolaine
1/2 cuillerée à café de gingembre
1/4 de cuillerée à café de graines de paradis
1/4 de cuillerée de poivre long broyé
1/2 dose de safran
sel
quelques graines de grenade

Avoine en potage - Potage d'avoine

Lavez l'avoine dans une passoire. Mettez-la dans une marmite d'eau. Couvrez et laissez cuire à feu doux pendant 1 heure 30. Rajoutez de l'eau chaude en cours de cuisson s'il n'y en a plus. Ôtez l'avoine, égouttez-la. Versez dans une casserole le bouillon de poule, ajoutez l'avoine. Laissez cuire à découvert jusqu'à évaporation.

Pour 4 personnes
80 g d'avoine
50 cl d'eau
15 cl de bouillon de poule

Broet d'Alamaniz - Brouet d'Allemagne

« *Encore plus, ung broet d'Alamaniz : et pour donner entendement a celluy qui le feraz, selon la quantité qu'il en doibt faire si prennés ces chappons et les appareilliés nectement, et fendés et mectés par cartiers ; selon la quantité dudit potaige qui luy sera donné en charge, si prenne le grein a l'avenant de la dicte poullaille selon ce que s'ensuit de l'autre potagerie, ou de porcs ou d'aigneaulx, de caprilz ou de veau, et telz grein soit depiecez a l'avenant du quartier de la dicte poullaille ; et pour ce prennés des oygnions selon la quantité du greyn que vous ferés et les chapplés bien minuz, et me prennés du gras dou bacon et le fondés grandement ; et mectés vostre grein selon la quantité que vous avés ou en chaudieres ou en olles belles et nectes, et puis mectés vos voz oygnions et le lard parmy vostre grein et soit frit tout ensemble ; et, selon la quantité de vostre grein, prennés d'amendres et les fectes nestoyer qui n'y ait nulles croyses et les faictes laver tresbien en bonne eaue chaude, et puis les faictes tresbien broyer sans plumer et les faictes arrouser du broet du beuf ; et puys prennés une belle cornue et les estaminés avecques le broet du beuf selon la quantité que vous en voulés fayre, et sy advisés qu'il ne soit tropt salé ; et puis prennés de bon vin blanc et de verjust selonc la quantité du boyllon et mectés dedans, et de gingibre blanc, grane de paradix, du poyvre et non pas tropt, noix muscates, et de toutes minues espices comme giroffle et macit, et du saffran pour lui donner couleur - et de toutes cestes espices mectés en par actrempance ; et, estre pisiés, mectés les dedans vostre boullon, et de celluy boullon parmi vostre grein souffrit, et du sucre dedans grant quantité selon la quantité du boullon. Et quant tout ce sera ensemble, sy goustés se yl y a de riens trop ou pou affin que vous y secourés, et vous advise du sel ; et sy vous advisés du grein qu'il ne se cuise tropt, car le chevreaux et le veaul sont plus tendres que la poullaille. Et quant vostre grein sera cuit de bon point et on en vouldra drecier, si mestés vostre grein appart et en mectés es platz et puis dudit boullon mectés par dessus. /* Pour bien renseigner celui qui le réalisera, selon la quantité qu'il a à faire, prenez des chapons, nettoyez-les et coupez-les en quartiers. Selon la quantité du potage, prenez de la viande et coupez-la en petits morceaux, soit du porc, soit de l'agneau, soit du veau, et la quantité doit être en proportion avec celle des poulets. Prenez des oignons en proportion avec les viandes et coupez-les en fines lamelles. Prenez du lard, coupez-le menu et mélangez-le avec les oignons. Placez les viandes soit dans un chaudron soit dans un grand pot bien propre, en rapport avec la quantité des viandes. Mettez-y les oignons, le lard avec la viande et faites frire ensemble. En relation avec la quantité des viandes, prenez des amandes, lavez-les, débarrassez-les de leur peau et lorsqu'elles ont été bien lavées dans une bonne eau chaude, broyez-les et placez-les dans un bouillon de bœuf. Passez ce lait d'amandes à l'étamine et gardez-en la quantité que vous souhaitez. Tenez compte qu'il ne faut pas que ce soit trop salé. Prenez un bon vin blanc et du verjus selon la quantité de bouillon que vous avez et versez-le et ayez du gingembre, de la graine de paradis, du poivre mais pas trop, des noisettes et d'autres petites épices telles que les clous et le macis et le safran pour donner de la couleur, et toutes ces épices étant dosées avec modération, broyez-les et mettez-les dans le bouillon. Ajoutez du sucre en grande quantité selon la quantité du bouillon. Et quand tout cela est fait, goûtez pour voir s'il y en a trop ou pas assez et rectifiez. Ajoutez du sel. Il faut que les viandes ne soient pas couvertes car le veau et le mouton cuisent vite. Quand les viandes sont cuites à point, et que vous êtes prêt à servir, disposez les viandes avec le bouillon. »

Le cuisinier-traiteur, Heures à l'usage de Tours, vers 1500. (Paris BNF, Latin 886, fol. 9v.)

Préparez le lait d'amandes avec des amandes et un bouillon de bœuf. Coupez le porc et le veau en petits morceaux. Émincez l'oignon. Prenez une cocotte et faites suer l'oignon dans le lard. Ajoutez les quartiers de poulet et les morceaux de viandes. Faites revenir un bon moment. Versez le lait d'amandes. Laissez mijoter à couvert pendant 1 heure, 1 heure 15 environ jusqu'à ce que les viandes soient cuites. Ôtez les viandes, réservez-les. Délayez les épices dans le vinaigre, versez ce vinaigre dans le bouillon avec le vin. Salez. Donnez un tour de bouillon et laissez mijoter à découvert 1/4 d'heure. Au dernier moment, rajoutez les viandes pour qu'elles réchauffent.

Pour 6 à 8 personnes
50 cl de lait d'amandes réalisé avec du bouillon de bœuf
300 g de porc
300 g de veau
6 ou 8 quartiers de poulet
60 g de lard
1 gros oignon
10 cl de vin blanc
2 cuillerées à soupe de vinaigre
1 cuillerée à café de gingembre
1/2 cuillerée à café de graines de paradis
1 cuillerée à café de muscade
1 poivre long broyé
3 clous de girofle broyés
1 pincée de sel

Broet d'Alamaniz.

Le poireau, Herbier latin, datant de 1485, incunable. (Rés Inc 960, Bibliothèque de Lyon.)

Porriaux blans - Poireaux blancs

Choisissez le blanc des poireaux. Lavez-les, émincez-les. Faites revenir l'échine dans un peu de matière grasse. Ôtez-la. Mettez les poireaux avec l'échine dans une casserole contenant de l'eau. Portez à ébullition et laissez cuire pendant 30 minutes. Ôtez les poireaux et l'échine. Broyez les amandes. Prenez 50 cl du bouillon dans lequel ont cuit les poireaux et l'échine, mettez-y les amandes. Donnez un tour de bouillon. Passez-le à l'étamine. Faites de nouveau bouillir ce bouillon. Dans une poêle, faites suer les oignons émincés. Broyez-les dans un mortier ou passez-les au mixeur. Versez cet appareil dans le bouillon. Ajoutez-y les poireaux. Salez, poivrez, ajoutez le thym. Laissez mijoter 15 minutes. Coupez l'échine en petits morceaux et présentez-les avec les poireaux.

Pour 4 personnes
250 g d'échine de porc
1 cuillerée à soupe d'huile
4 blancs de poireaux
2 oignons
25 g d'amandes mondées
1 branche de thym
sel, poivre

Porriaux blans.

Maroilles - Maroilles

Le maroilles est un fromage à pâte molle et à croûte lavée. Présentez-le selon la saison avec des grenades, des quartiers de coings, sinon proposez-le avec des fruits secs.

Flons de lait d'amendres - Flans au lait d'amandes

Préparez le lait d'amandes. Foncez un moule à manqué avec la pâte brisée. Disposez sur le fond une poignée de fèves sèches. Enfournez et faites cuire la pâte à blanc pendant 5 minutes. Ajoutez le safran au lait d'amandes pour le colorer. Versez le sucre. Portez à ébullition et laissez tiédir. Délayez la crème d'orge dans de l'eau froide. Versez dans le lait tiède en remuant avec une cuillère en bois. Battez les œufs et versez-les dans l'appareil précédent. Préchauffez le four. Remplissez le moule avec la crème obtenue. Faites cuire 30 minutes. Attendez pour démouler.

Pour 4 personnes
1 pâte brisée
50 cl de lait d'amandes
20 g de crème d'orge
1/2 dose de safran
2 œufs
75 g de sucre

Emplumeus de pomes - Compote de pommes

« *Encore plus emplumeus de pomes : pour donner entendement a celluy qui le fera sy prennés de bonnes pomes barberines selon la quantié que l'on en vouldra faire et puis les parés bien et appoint et les taillés en beaulx platz d'or ou d'argent ; et qu'il hait ung beau pot de terre bon et nect, et y mecte de belle eaue necte et mecte boullir sur brase belle et clere et mecte boullir ses pomes dedans. Et face qu'il ait de bonnes amendres doulces grant quantité selon la quantité des pomes qu'il ha mis cuire, et les plume, nectoie et lave tresbien et mectés broyer au mortier qui ne sante point les aulx, et si les broie tresbien et les arouse du boullon en quoy cuisent lesdictes pomes ; et quant ledictes pomes seront assés cuictes si les tirés dehors sur belle et necte postz, et de celle eaue colle ses amendres et en face lait qui soit bon et espés, et le remecte boullir sur brase clere et necte sans fumee, et bien petit de sel. Et entretant que il bouldra si hache bien menut ses dictes pomes a ung petit et nect coutel et puis, estre hachiés, si les mecte dedans son lait, et y mecte du succre grant foison selon ce que il y a desditz emplumeus de pomes ; et puis, quant le medicin le demandera, si le mectés en belles escuelles ou casses d'or ou argent.* / Compote de pommes : pour faire comprendre à celui qui le fera, qu'il prenne de bonnes pommes barberines selon la quantité qu'il voudra faire. Qu'il les pèle bien et les coupe en morceaux dans de beaux plats en or ou en argent. Qu'il prenne un beau pot en terre bien propre et qu'il y mette de la belle eau pure et la fasse bouillir sur de la braise belle et vive et qu'il mette à bouillir ses pommes dedans. Faire en sorte d'avoir de bonnes amandes douces en grande quantité, en proportion des pommes qu'il a mises à cuire, qu'il les monde, les nettoie et les lave très bien et qu'il les fasse broyer dans un mortier qui ne sente pas l'ail. Une fois qu'elles sont bien broyées, qu'il les arrose de l'eau de cuisson des pommes, et quand les pommes seront assez cuites, qu'il les sorte et les pose sur une belle planche propre, et qu'il fasse un bon lait d'amandes épais en filtrant le mélange d'eau de cuisson des pommes et d'amandes. Qu'il le remette à bouillir sur de la bonne braise vive et sans fumée, avec un peu de sel. Pendant que le lait bout, qu'il hache finement les dites pommes avec un petit couteau propre et lorsqu'elles sont hachées, les mettre dans le lait avec beaucoup de sucre, comme il se doit pour l'emplumeus de pommes. Puis, quand le médecin le demandera, qu'il le mette dans de belles écuelles ou de plats d'or ou d'argent ».

Lavez, épluchez les pommes. Coupez-les en morceaux. Faites-les cuire dans de l'eau sucrée ou miellée, à laquelle vous avez ajouté la cannelle, jusqu'à ce qu'elles se défassent. Ôtez-les, écrasez-les en purée, réservez-les. Versez le jus de cuisson des pommes sur les amandes. Laissez reposer pendant

30 minutes. Broyez les amandes. Passez le jus à l'étamine. Versez ce jus dans une casserole, ajoutez votre compote de pommes et remettez à cuire une dizaine de minutes jusqu'à ce que le jus se soit évaporé. Présentez la compote parsemée d'amandes effilées grillées. Entourez-la de tuiles aux amandes. La compote se déguste tiède ou froide. Vous pouvez ajouter à la recette des raisins secs blonds et remplacer le sucre par du miel liquide.

Pour 4 personnes
4 pommes
4 cuillerées à soupe de sucre ou 4 cuillerées de miel liquide
40 g d'amandes mondées
40 g de raisins secs blonds
1 cuillerée à café de cannelle

Massepans - Massepains

Pour 400 g de pâte d'amandes environ ce qui représente 40 à 50 sujets.

Versez le sucre semoule et l'eau dans une casserole. Mettez-la sur feu vif jusqu'à ébullition puis réduisez, laissez cuire « au petit boulé ». Pour savoir si la

Emplumeus de pomes.

incorporez le sucre glace en travaillant la pâte à la main. Faites une boule. Vous pouvez la conserver deux mois au réfrigérateur après l'avoir enveloppée d'un film transparent. Cette pâte s'utilise comme une pâte ordinaire : étirez-la au rouleau, découpez des motifs à l'emporte-pièce ou au couteau. Vous pouvez ainsi façonner des fruits, des carrés, des losanges, des cœurs… Les queues des fruits peuvent être figurées par des clous de girofle ou des morceaux d'angélique confite. Vous pouvez faire des bandes de massepains que vous réunissez autour d'une cerise confite. Différentes teintes peuvent être données avec des colorants à la pâte blanche de base mais vous pouvez également glacer les massepains avec du jus de fruits mélangé à du sucre ou avec de la gelée de fruits.

125 g de sucre semoule
10 cl d'eau
100 g de sucre glace
100 g de poudre d'amandes
1 blanc d'œuf
6 clous de girofle
1 brin d'angélique confite
8 gouttes de colorant, vert, rouge, jaune…

Flons de lait d'amendres.

cuisson est bien au petit boulé, vous devez procéder ainsi : posez un saladier d'eau glacée à côté de la casserole. Au bout de 12 à 15 minutes environ, à l'aide d'une cuillère, prenez une petite quantité de l'appareil et plongez-la dans le saladier. Le sucre ne doit pas se dissoudre mais faire une petite boule ; vérifiez avec vos doigts, elle doit être collante. À ce moment-là, arrêtez la cuisson en plongeant la casserole dans un grand plat contenant de l'eau très froide. Versez la poudre d'amandes dans le sirop. Remuez vigoureusement. Mettez le blanc d'œuf dans un petit bol et battez-le. Ajoutez-le à l'appareil en mélangeant. Remettez la casserole sur feu doux pendant 3 minutes en continuant de remuer. Saupoudrez le plan de travail de sucre glace. Versez la préparation obtenue,

Massepans.

Le présent ouvrage a été écrit par Josy Marty-Dufaut qui a aussi réalisé les plats et les a photographiés (photos avec les initiales JMD). Erik Groult a travaillé certains plats avec des ambiances médiévales (photos avec les initiales EG).

Ces reconstitutions ont été réalisées avec des reproductions de qualité d'objets d'époque médiévale mais aussi avec des objets originaux du XVe siècle faisant partie de nos collections.

Ouvrage conçu par Georges Bernage, éditeur, écrit et réalisé par Josy Marty-Dufaut, auteur. La maquette est d'Erik Groult, avec les conseils d'Elisabeth Robineau pour la reconstitution des plats. Mise en pages de Christel Lebret, photogravure de Christian Caïra, réalisation finale de Philippe Gazagne.

Table des matières

La cuisine médiévale 2
Les sources 3
Les manuscrits culinaires 3
Les ouvrages scientifiques 4
Les livres religieux 4
Les tapisseries 5
Les fouilles archéologiques 6
L'organisation du banquet 7
Le service à la française 7
Les entremets 10
Les entremets culinaires 10
Les entremets spectacles 10
Les manières de table 12
L'art culinaire 13
Les ustensiles de cuisine 14
Les traces dans les fouilles 14
Les témoignages des manuels culinaires 14
Épices nécessaires à la réalisation des recettes 16
Les épices 16
Les plantes aromatiques 18
Le pain et le vin 19
Le pain 19
Le vin 20
- *Ypocras* ou *Ipocras*, l'hypocras 20
- *Claretum*, le Clairet 22
- *Vinum saluiatu*, vin de sauge 23
Menus d'après les manuscrits culinaires 24
Menus selon le *Liber de coquina* 25
Menu N°1 25
Commentaires 25
- *Tostées cum caseo de Bria* - Toasts au brie 25
- *Foliis minutis* - Quenelles d'herbes 25

- *Feniculum ad usum campanie* - Fenouil à la mode de Campanie 25
- *Limonia* - Poulet au citron 27
- *Cicera fracta* - Galettes de pois chiches 28
- *Crispis* - Crêpes au safran et au miel 29
Menu N°2 29
Commentaires 29
- *Tostées a gorgonzola* - Toasts au gorgonzola 30
- *Fabis nouellis* - Fèves nouvelles 31
- *Scapeta piscium* - Brouet de poisson 32
- *Mamonia* - Mouton au miel 32
- *Caulles albos et feniculi* - Chou blanc et fenouil 33
- *Fristellis* - Beignets de fleurs de sureau et de pétales de roses ... 34
Menus selon le *Viandier* 36
Menu N°1 36
Commentaires 36
- *Talemoses* - Talemouses 37
- *Porée au lart* - Purée de bettes au lard 37
- *Chappon dodine de vert jus* - Poulet, sauce dodine 37
- *Rix engoullé* - Ris engoulé 38
- *Jonchées* - Fromage frais 39
- *Tartres de pomes* - Tarte aux pommes 39
- *Cresme fricte* - Crème frite 40
Menu N°2 40
Commentaires 44
Tostées dorées - Pain doré 42
- *Gravé de poisson* - Poisson frit en sauce 42
- *Pourreaulx* - Purée de poireaux 42
- *Porée de pois* - Purée de pois cassés 43
- *Tourte parmerienne* - Tourte parmerienne 43
- *Gruyau d'orge mondé* - Gruau d'orge mondé 44
- *Fourme d'Ambert, amandes, noix, noysilles* - Fourme d'Ambert, amandes, noix, noisettes 44

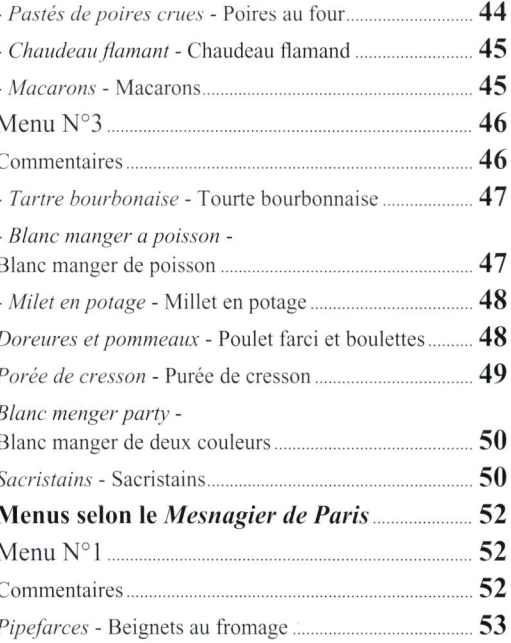

1. L'exemple d'une belle cuisine médiévale, celle du château de Montreuil-Bellay. (Photo G. Bernage/Heimdal.)

2. Le succès d'un festin médiéval dépend aussi du cadre, du décor, de l'éclairage (on évitera autant que possible la lumière électrique directe). On pourra utiliser des bancs et des tréteaux, les plateaux des tables étant cachés par des nappes en lin (qui serviront aussi à s'essuyer les doigts…). Les reproductions de vaisselle médiévale sont maintenant courantes et importantes pour le décor de la table, surtout pour les plats et les pichets. (Photo Erik Groult/Heimdal.)

- *Pastés de poires crues* - Poires au four **44**
- *Chaudeau flamant* - Chaudeau flamand **45**
- *Macarons* - Macarons **45**

Menu N°3 .... **46**
Commentaires **46**

- *Tartre bourbonaise* - Tourte bourbonnaise **47**
- *Blanc manger a poisson* -
Blanc manger de poisson **47**
- *Milet en potage* - Millet en potage **48**

Doreures et pommeaux - Poulet farci et boulettes **48**
Porée de cresson - Purée de cresson **49**
Blanc menger party -
Blanc manger de deux couleurs **50**
Sacristains - Sacristains **50**

Menus selon le *Mesnagier de Paris* **52**
Menu N°1 .... **52**
Commentaires **52**

Pipefarces - Beignets au fromage **53**

Tartre jacopine - Tourte jacobine **53**
Porée d'espinoches - Purée d'épinards **54**
Bœuf a la cameline - Bœuf, sauce cameline **55**
Banon, figues, neffles et nois pelées -
Banon, figues, nèfles et noix pelées **55**
Milet en lait de vasche - Millet au lait **55**
Gauffres - Gaufres **55**
Menu N°2 .... **56**
Commentaires **56**

- *Tourte de bectes, espinoches* -
Tourte de bettes, d'épinards **57**
- *Soutyé vergay* - Poisson en gelée verte **57**
- *Champignons* - Champignons **58**
- *Comminee de Poulaille* - Poule au cumin **58**
- *Porée blanche* - Purée de poireaux **58**
- *Munster* - Munster **59**
- *Cresme blanche* - Crème blanche **59**

- Roissolles - Rissoles aux fruits secs et aux pommes	**59**
- Nieulles - Nielles	**60**
Menu N°3	**60**
Commentaires	**60**
Pastez norroiz - Pâtés norrois	**61**
Saulce vert d'espices - Sauce verte	**62**
Cretonnée de fèves nouvelles ou de pois nouveaux - Purée de fèves nouvelles ou de pois nouveaux	**62**
Chappon, froide sauge - Poule à la sauge	**62**
Navaiz en la paelle - Navets à la poêle	**63**
Roquefort, noix - Roquefort, noix	**63**
Ris engoulé - Riz au lait	**63**
Taillis - Pudding aux fruits secs et aux pommes	**64**
Menus selon le *Form of Cury*	**65**
Menu N°1	**65**
Commentaires	**65**
Tart in ymbre - Tarte des quatre vents	**66**
Cawdel of salmon - Saumon en sauce	**66**
Chebolace - Garniture d'herbes	**67**
Pomme dorrey - Pommes dorées	**67**
Ryse of flesh - Riz de jour gras	**67**
Cheddar cheese - Fromage : cheddar	**68**
Hastletes of fruyt - Brochettes de fruits	**68**
Peeres in confyt - Confit de poires	**68**
Menu N°2	**68**
Commentaires	**69**
Tostées with wine - Toasts au vin	**69**
Tarte de Bry - Tarte de brie	**70**
Salat - Salade variée	**70**
Mortrews of fyssh - Pain de poisson	**70**
Connyng in cyrip - Lapin en sirop	**71**
Chyches - Pois chiches	**71**
Tartys in applis - Tarte aux pommes	**72**
Darioles - Darioles	**73**
Menu selon le *Fait de cuisine* *de Maître Chiquart*	**73**
Menu	**73**
Commentaires	**73**
Tostées a reblochon - Toasts au reblochon	**74**
Broet de Savoye - Brouet de Savoie	**74**
Avoine en potage - Potage d'avoine	**74**
Broet d'Alamaniz - Brouet d'Allemagne	**74**
Porriaux blans - Poireaux blancs	**76**
Maroilles - Maroilles	**76**
Flons de lait d'amendres - Flans au lait d'amandes	**76**
Emplumeus de pomes - Compote de pommes	**76**
Massepans - Massepains	**77**

N° de CPPAP : 0409 K 77997. Dépôt légal : 2e trimestre 2005 pour la version presse.
ISBN : 2 84048 209 6 pour la version librairie.
Achevé d'imprimer sur les presses de Néo-Typo à Besançon pour la version librairie - dépôt légal : 2e trimestre 2005